Tai Cleveland

Impacto da segurança LAN/WAN nas bases de dados em ambiente de computação em nuvem

AF568769

Tai Cleveland

Impacto da segurança LAN/WAN nas bases de dados em ambiente de computação em nuvem

ScienciaScripts

Imprint
Any brand names and product names mentioned in this book are subject to trademark, brand or patent protection and are trademarks or registered trademarks of their respective holders. The use of brand names, product names, common names, trade names, product descriptions etc. even without a particular marking in this work is in no way to be construed to mean that such names may be regarded as unrestricted in respect of trademark and brand protection legislation and could thus be used by anyone.

Cover image: www.ingimage.com

This book is a translation from the original published under ISBN 978-3-659-90440-0.

Publisher:
Sciencia Scripts
is a trademark of
Dodo Books Indian Ocean Ltd. and OmniScriptum S.R.L publishing group

120 High Road, East Finchley, London, N2 9ED, United Kingdom
Str. Armeneasca 28/1, office 1, Chisinau MD-2012, Republic of Moldova, Europe
Managing Directors: Ieva Konstantinova, Victoria Ursu
info@omniscriptum.com

Printed at: see last page
ISBN: 978-620-8-63012-6

Índice

CAPÍTULO 1
INTRODUÇÃO À COMPUTAÇÃO EM NUVEM

A computação em nuvem é um tipo de computação baseada na Internet que fornece recursos de processamento e dados partilhados a computadores e outros dispositivos. A computação em nuvem dá acesso a um conjunto partilhado e configurável de recursos informáticos, como redes, servidores, aplicações e serviços de armazenamento. A computação em nuvem e as soluções de armazenamento fornecem aos utilizadores e às empresas diferentes competências para armazenar e processar os seus dados em centros de dados de terceiros (Haghighat & Abdel-Mottaleb, 2015). A computação em nuvem baseia-se na partilha de recursos para garantir a coerência e a rentabilidade, à semelhança de outros serviços públicos que utilizam uma rede.

Os defensores da computação em nuvem afirmam que esta permite que as empresas evitem custos iniciais de infra-estruturas e se concentrem em projectos que diferenciam o seu negócio (Amazon Web Services, 2013). Afirmam também que a computação em nuvem permite que as empresas ponham as suas aplicações a funcionar mais rapidamente, com uma melhor gestão, menos manutenção e, mais importante, permite que as tecnologias da informação (TI) ajustem rapidamente os recursos para satisfazer os altos e baixos das necessidades de uma empresa. Os fornecedores de computação em nuvem utilizam normalmente um modelo "pay as you go" que permite às empresas ajustarem as suas necessidades em conformidade.

A disponibilidade atual de redes de elevada capacidade, de dispositivos de computação e de armazenamento de baixo custo, bem como a adoção generalizada da virtualização do hardware, da arquitetura orientada para os serviços e da computação autónoma e utilitária, conduziram a um crescimento da computação em nuvem (Gartner Group, 2010; Gruman, 2013). As empresas podem aumentar ou diminuir a quantidade de armazenamento em nuvem de que necessitam, consoante a natureza flutuante da sua atividade.

A computação em nuvem tornou-se um recurso muito procurado devido às muitas vantagens que oferece em termos de acesso a grandes quantidades de capacidade de computação, elevado desempenho, escalabilidade, acessibilidade e disponibilidade. Não obstante as vantagens da utilização da computação em nuvem, há também perigos que devem ser tidos em conta para tornar os serviços mais fiáveis.

A origem do termo "*computação em nuvem*" não é clara. A palavra "nuvem" é normalmente utilizada na ciência para descrever um vasto conjunto de objectos que aparecem no céu e à distância. Outra descrição é que os programas antigos que desenhavam diagramas de rede faziam círculos com ícones de servidores e que um grupo de servidores num diagrama de rede tinha vários círculos sobrepostos, assemelhando-se a uma nuvem (Schmidt & Rosenberg, 2014).

Por analogia com as definições anteriores, a palavra "*nuvem*" é utilizada como metáfora para a Internet, e uma forma semelhante a uma nuvem é utilizada para identificar uma rede em diagramas. Atualmente, é utilizada para representar a Internet em diagramas de redes informáticas. A utilização de uma nuvem para representar redes de equipamento informático remonta a 1977.

A computação em nuvem é o resultado da evolução do tempo e da adoção das tecnologias existentes. O objetivo da computação em nuvem é permitir que os utilizadores beneficiem de todas as tecnologias disponíveis sem terem de as conhecer e compreender perfeitamente. A utilização da computação em nuvem permite que os utilizadores reduzam os custos e se concentrem na sua atividade em vez de terem de adquirir novas competências informáticas.

A principal tecnologia que permite a computação em nuvem é a virtualização, que separa um dispositivo informático físico em um ou mais dispositivos. Cada um deles pode ser utilizado e gerido para executar tarefas específicas. A virtualização fornece as capacidades necessárias para tornar as operações de TI mais rápidas e, ao mesmo tempo, reduz os custos ao aumentar a utilização dos recursos de TI.

Embora a computação em nuvem seja a onda do futuro, não se adequa a todas as empresas ou a todas as situações. As empresas precisam de saber como a computação em nuvem as pode ajudar, que investigação já foi feita sobre a sua utilização, os diferentes tipos de plataformas, os aspectos positivos e negativos do serviço e, mais importante, a segurança da computação em nuvem em geral, bem como para as suas necessidades específicas.

CAPÍTULO 2

INVESTIGAÇÃO SOBRE COMPUTAÇÃO EM NUVEM

Olhando para as diferentes fontes teóricas e áreas de investigação, é fácil concluir que existem várias teorias relacionadas com os diferentes aspectos da computação em nuvem. O número de teorias relacionadas com LANs e WANs é comparativamente bastante reduzido em relação à computação em nuvem e aos diferentes tipos de domínios que esta engloba. Neste contexto, é importante mencionar e destacar as diferentes teorias relacionadas com as bases de dados de computação em nuvem que foram apresentadas por Grance & Mell (2011), bem como por Chou (2011).

Para além da literatura teórica, o desenvolvimento do quadro concetual para a aplicação da computação em nuvem à segurança das bases de dados e aos efeitos WAN/LAN exige uma compreensão aprofundada (Kaeo, 2004). É essencial fazer uma revisão crítica da literatura e identificar trabalhos importantes numa área específica. Neste contexto, é também imperativo mencionar que existem muitos livros sobre computação em nuvem. Isto permite comparar e identificar os diferentes e múltiplos impactos que pode ter quando utilizada para a segurança da base de dados e numa WAN ou LAN.

A investigação descreve várias teorias relacionadas com diferentes segmentos de bases de dados de computação em nuvem. O número de teorias relacionadas com LANs e WANs é comparativamente menor do que o da computação em nuvem e dos vários domínios que esta engloba. Neste contexto, é imperativo mencionar e delinear as várias teorias relacionadas com as bases de dados de computação em nuvem, que foram apresentadas por Chou (Boran, 2003). Nas suas teorias, Chou descreveu exaustivamente os fundamentos da computação em nuvem e as várias questões relacionadas com a sua compreensão e funcionamento. Estas teorias requerem uma análise mais aprofundada. A primeira teoria é: "Não se pode discutir produtivamente a computação em nuvem sem primeiro definir o que ela é". Nesta teoria específica, Chou concentrou-se principalmente nos meios pelos quais a definição e a subsequente aplicação da computação em nuvem podem ser facilmente compreendidas, dado que todo o processo de computação gira em torno de vários domínios. Estes domínios são: tecnológico, de gestão e económico nas suas respectivas capacidades (Jaeger & Schiffman, 2010).

Nayak & Yassir (2012) definiram a computação em nuvem como o processamento baseado na Web, em que os activos de transmissão, as informações e os programas são entregues a computadores ou mesmo a outros dispositivos, incluindo smartphones, que estão habilitados para a Internet. Naturalmente, a computação em nuvem é uma forma de desenvolvimento que facilita a aceitação generalizada de estruturas concebidas para serviços de computação utilitária e virtualização (Shroff, 2010). Os pormenores essenciais são retirados aos consumidores que já não possuem o saber-fazer necessário ou o domínio da infraestrutura de competências no ambiente de computação em nuvem que os aloja. Este período da nuvem é explorado como um símbolo da Internet que é estabelecido na ilustração da nuvem utilizada para conter redes telefónicas no passado, para além do desenvolvimento posterior para representar a Internet em ilustrações empresariais de malha de mainframe como uma abstração da infraestrutura caraterística que incorpora (Gillam, 2010).

Vaquero, Rodero-Merino, Caceres e Lindner (2009) analisaram os conceitos de computação em nuvem com o objetivo de fornecer uma definição abrangente. A sua discussão centra-se nas principais caraterísticas relacionadas com o conceito na literatura. Observam que foram estudadas muitas definições e que estas podem ser classificadas em duas categorias: definições consensuais e definições mínimas. A última categoria inclui as caraterísticas essenciais de uma nuvem. Ao definir a nuvem, argumentam que uma série de confusões relacionadas com a caraterização da nuvem e das tecnologias conexas são geradas pelo paradigma da grelha (Vaquero, et al., 2009).

Na sua opinião, a computação em nuvem está geralmente ligada a um novo paradigma que visa fornecer infra-estruturas semelhantes às TI. Este paradigma transfere as infra-estruturas para as redes, a fim de reduzir os custos de gestão dos recursos de software e hardware. Ao longo do tempo, a computação em nuvem tem atraído muita atenção e interesse dos especialistas em tecnologias da informação e da comunicação, devido ao aparecimento de serviços com caraterísticas comuns oferecidos pelos principais intervenientes no sector das TIC (Vaquero, et al., 2009).

Mesmo assim, algumas das tecnologias existentes em que se baseia o conceito de nuvem, como os tipos de computação distribuída e utilitária e a virtualização, já existem há algum tempo (Weiss, 2007; Milojicic, 2008). As muitas tecnologias relacionadas com a computação em nuvem dificultam a formulação e a apresentação de uma definição fiável ou dão origem a muitas definições confusas. Parte do desafio resulta do entusiasmo e da publicidade que têm caracterizado a computação em nuvem até à data (Geelan, 2008; Milojicic, 2008; Vaquero, et al., 2009). É evidente que a ideia de computação em nuvem caiu em desgraça, tal como outras tecnologias anteriores. O Gartner's Hype Cycle, de acordo com o Gartner Group (2008), ilustra a evolução do hype tecnológico. De acordo com este ciclo, as pessoas passam do entusiasmo excessivo à desilusão. Depois, apreciam o seu papel e relevância em domínios ou mercados específicos (Geelan, 2008; Gartner Group, 2008).

De acordo com o Gartner Group (2008), existe atualmente um grande entusiasmo pela computação em nuvem. Vaquero et al (2009) argumentam que este forte entusiasmo apenas reforça os desafios de definir o paradigma e de aumentar a sua capacidade. O termo "nuvem" transformou-se efetivamente num termo de largo espetro, que inclui quase todas as soluções que permitem aos indivíduos subcontratar todos os tipos de computação, bem como recursos de alojamento (Geelan, 2008; Vaquero, et al., 2009).

As ideias persistentes nas várias definições que foram apresentadas sobre a computação em nuvem incluem a acessibilidade sem descontinuidades dos recursos numa base de pagamento por utilização e a dependência de uma infraestrutura instantânea e infinitamente escalável, gerida por terceiros. Os desafios que colorem a definição da grelha exigem uma definição clara da nuvem. Em comparação com a nuvem, a rede tem definições mais conhecidas e mais amplamente aceites. Uma definição conclusiva de computação em nuvem deve ser unificada, delinear o âmbito da investigação relacionada e realçar os muitos benefícios comerciais potenciais. Todas as definições actuais tendem a centrar-se num aspeto tecnológico específico (McFedries, 2008; Membros do EGEE-II, 2008; Milojicic, 2008; Stockinger, 2007).

Oberle & Voith (2010) afirmaram que a computação em nuvem pode ser vista como a forma mais contemporânea de inovação no domínio da computação baseada na Internet e como esta influencia as redes de área alargada (WAN) e as redes de área local (LAN). É importante referir aqui que foi a base tecnológica fornecida pela Internet que levou à construção da infraestrutura sobre a qual todos estes desenvolvimentos podem ser realizados.

Rochweg & Montero (2009) afirmaram que o National Institute of Standards and Technology (NIST) também forneceu uma definição mais objetiva do termo "nuvem global", dizendo que a "nuvem global" é utilizada num sentido metafórico que pode ser aplicado às facilidades e comodidades fornecidas aos clientes que utilizam os recursos da Internet. Com a ajuda destas tecnologias, diferentes tipos e naturezas de redes podem ser ligados diretamente sem a presença de barreiras físicas.

Para chegar a uma definição conclusiva, pode ser útil analisar os diferentes tipos de sistemas que utilizam as nuvens e todos os actores que desempenham um papel na implantação dos sistemas (Vaquero, et al., 2009).

CAPÍTULO 3

ASPECTOS E CARACTERÍSTICAS DA COMPUTAÇÃO EM NUVEM

Ao considerar a computação em nuvem, é necessário estudar e ter em conta uma série de aspectos. Um dos mais importantes é a utilização ou não de uma rede local (LAN) e de uma rede alargada (WAN), que são sistemas flexíveis de comunicação de dados que podem utilizar tecnologia de radiofrequência ou de infravermelhos para receber ou transmitir informações através de comunicações sem fios. A primeira norma LAN/WAN foi implementada e adoptada como 802.11 (Boran, 2003). Esta norma baseava-se numa tecnologia de rádio que operava na gama de frequências de 2,4 GHz, em que a sua velocidade máxima de transmissão de dados se situava entre 1 e 2 Mbps. Atualmente, a norma de rede amplamente utilizada para a computação em nuvem é a IEEE 802.11b, introduzida no final de 1999 (Brooks, 2009). Ele ainda opera na mesma faixa de frequência, mas tem uma velocidade máxima de 11 Mbps.

No caso dos departamentos de TI que anteriormente funcionavam na rede local e estavam ligados a servidores localizados na nuvem, os utilizadores do escritório e os trabalhadores remotos, bem como as pessoas no escritório e no terreno, podiam aceder às informações do servidor. Toda a comunicação a partir de um sítio remoto tem de passar pela WAN. A velocidade da WAN deve ser suficiente para melhorar o desempenho, apesar da latência da distância. Nas nuvens públicas, o cliente tem pouco ou nenhum impacto sobre a localização do servidor (Kaeo, 2004). Recomenda-se o uso de um acelerador de WAN riverbed para melhorar o desempenho.

Os investigadores Nayak e Yassir (2012) observaram que os fornecedores de serviços de computação em nuvem, como a Google, a Microsoft, a Amazon, a IBM, a Sun Microsystems e a Sales Force, já iniciaram novas intervenções, criando centros de alojamento para a computação em nuvem. Os serviços de aplicação existentes incluem redes sociais, aplicações comerciais, portais de jogos, fluxos de trabalho científicos e fornecimento de conteúdos multimédia (Nayak & Yassir, 2012). No entanto, os diferentes modelos de aplicação variam ao longo do tempo e, na maioria dos casos, os serviços são imprevisíveis. Esta abordagem foi definida na investigação de diferentes formas, sendo o modelo mais aproximado o de um modelo empresarial elástico, em que os sítios sociais e os domínios de redes empresariais podem necessitar de ser aumentados ou reduzidos ao longo da sua implantação, como se mostra a seguir (Buyya, R., Broberg, J. & Goscinski. (2011); Nayak & Yassir, 2012).

A computação em nuvem é atualmente o tema mais difundido no domínio das tecnologias da informação. Trata-se da externalização de recursos e funcionalidades dos centros de dados através de ligações de rede. O funcionamento das aplicações através da computação em nuvem ligará os recursos da computação em nuvem aos centros de dados da empresa para facilitar o acesso aos dados. Do ponto de vista do cliente, a tecnologia de computação em nuvem traz consigo complicações em termos de segurança e responsabilidade (Kaufman, 2009). Claramente, existem problemas de segurança com a infraestrutura virtualizada que precisam de ser considerados em relação às tecnologias de computação em nuvem. A segurança da computação em nuvem é uma impossibilidade absoluta para algumas infra-estruturas e, por conseguinte, está sujeita ao desenvolvimento de uma cultura de risco (Boran, 2003). A computação em nuvem implica a externalização da funcionalidade e dos recursos de um centro de dados. O processo de externalização exige o estabelecimento de requisitos de segurança. De acordo com Gartner (2008), os recursos virtualizados e escaláveis da computação em nuvem estão disponíveis através da Internet, pelo que a segurança das bases de dados é problemática devido à configuração e utilização virtuais. A segurança é crucial quando se trata dos vários serviços de TI que podem ser fornecidos através da nuvem. A Gartner argumentou que não é possível apresentar tipos de serviços de TI através de uma nuvem. As instalações informáticas fornecem serviços de processamento no endereço para que os utilizadores possam utilizar os ciclos da unidade central de processamento (CPU) sem terem necessariamente de comprar computadores (King, 2008). Os serviços de armazenamento melhoram o armazenamento de dados e preservam os documentos sem necessidade de cópias de segurança, à medida que a empresa aumenta as ligações de rede e instala mais servidores. Embora o CRM seja um serviço multi-tenant, diferentes empresas utilizá-lo-ão para oferecer serviços que melhorem a gestão dos clientes sem que estes tenham de comprar o software. A Gartner descreveu este facto como o início de uma tentativa de avanço nas capacidades complexas das empresas, bem como dos indivíduos. É imperativo compreender os mais recentes métodos e tendências de segurança para bloquear potenciais ameaças. Os métodos existentes são então aplicados à estrutura atual da tecnologia de nuvem (Gartner, 2008).

Esta observação implica que a capacidade operacional da computação em nuvem está a desenvolver-se a um ritmo acelerado. No entanto, para ganhar a confiança dos seus subscritores, os fornecedores de serviços devem garantir que, quaisquer que sejam as intervenções efectuadas para tornar o ambiente informático uma experiência única, as opiniões negativas prevalecentes sejam tratadas de forma amigável. Desta forma, a abordagem permitirá que os detractores se juntem aos outros e continuem confiantes no sistema de computação em nuvem.

A literatura existente não fornece uma definição concetual da diferença entre a Web 1.0 e a Web 2.0 (Jamil, n.d.). Jamil (n.d.) adopta a definição de Web 2.0 como sendo uma aplicação Web baseada em navegadores Web e concebida com o objetivo de enriquecer as experiências dos utilizadores com uma maior interatividade através da utilização de elementos Web incorporados. Cada um destes elementos melhora a integração da aplicação, bem como a intercomunicação (Jamil, n.d).

Lorido-Botran, Miguel-Alonso & Jose (2012) demonstraram que a computação em nuvem é uma plataforma que pode ser utilizada por qualquer pessoa que pretenda criar aplicações elásticas e úteis em ambientes de computação de elevado desempenho. Para servir de plataforma, a computação em nuvem deve basear-se num modelo de computação distribuída. Para migrar ou implementar aplicações executadas na nuvem, são utilizadas abstracções e estruturas de computação para reduzir o esforço e o custo.

Em caso de picos de carga não planeados, são preferidos os sistemas de escalonamento automático (Automatic Scaling Systems - ASS), que ajustam os recursos atribuídos a aplicações específicas (Lim, Babu & Chase, 2010; Lorido-Botran, et al.,). Os ajustes são efectuados de acordo com as necessidades identificadas em cada momento. Os SSA determinam a quantidade de recursos que são essenciais num dado momento em nome do utilizador (Urgaonkar, Shenoy, Chandra, Goyal & Wood, 2008). As acções de atribuição de recursos podem centrar-se no escalonamento horizontal (HS) ou no escalonamento vertical (VS). Em termos gerais, o escalonamento horizontal envolve a adição de réplicas de novos servidores, bem como de equilibradores de carga, a fim de distribuir a carga por todas as réplicas existentes (Lim, et al., 2010). Por outro lado, o escalonamento vertical envolve a modificação in situ dos recursos atribuídos a instâncias que já estão operacionais ou em execução (Lim, et al., 2010; Lorido-Botran, et al., 2012).

A maioria dos sistemas operativos existentes, que não são reinicializáveis, não suportam alterações no local da memória ou da unidade de processamento atual para suportar o VS. É por esta razão que a maioria dos fornecedores de serviços de computação em nuvem apenas oferece VS. Em princípio, as SSA ajustam todos os recursos adquiridos sem que tal lhes seja solicitado. Os ajustes têm como objetivo reduzir os custos e garantir a conformidade com o SLO (Lorido-Botran, et al., 2012).

De acordo com Lorido-Botran et al (2012), a gestão da elasticidade da computação em nuvem é normalmente uma tarefa por aplicação. Envolve requisitos para mapear o desempenho relacionado com os principais recursos presentes. O dimensionamento pode ser muito difícil, e o subprovisionamento de recursos certamente prejudica o desempenho e cria violações de SLO. O sobredimensionamento de recursos pode fazer com que as instâncias se tornem inactivas, resultando em custos desnecessários. O fraco desempenho desencoraja os clientes e afecta negativamente as receitas. Quando a capacidade é adaptada à carga de trabalho que caracteriza as horas de ponta, a maioria dos recursos permanece inutilizada ou inativa durante muito tempo (Lim, et al., 2010; Lorido-Botran, et al., 2012).

Por conseguinte, é necessário dispor de técnicas sofisticadas de afetação de recursos. Estas técnicas devem permitir que os recursos sejam adaptados à procura, sem terem de ser solicitados. Até à data, os fornecedores e os profissionais da computação em nuvem têm procurado mecanismos baseados em calendários e regras para automatizar a adequação dos recursos informáticos às necessidades. As técnicas baseadas no calendário têm em conta as formações cíclicas da carga de trabalho diária (Lorido-Botran, et al., 2012). A configuração do escalonamento é efectuada manualmente em função do tempo. Por conseguinte, o sistema não é capaz de se adaptar a alterações inesperadas da carga de trabalho.

De acordo com Lim, et al. (2010) e Lorido-Botran, et al. (2012), fornecedores de serviços de nuvem bem conhecidos, como a Amazon, têm um histórico de escalonamento automático com base em regras. Esse escalonamento normalmente envolve a criação de dois tipos de regras para determinar os tempos de escalonamento. Para cada tipo, os usuários devem definir condições com base nas variáveis de destino (Lim, et al., 2010;

Lorido-Botran, et al., 2012). Quando as condições são satisfeitas, são desencadeadas acções de escalonamento pré-determinadas como algoritmos reactivos. A abordagem baseada em regras é caracterizada como um algoritmo reativo. Responde a alterações nos sistemas sem as esperar. Em contrapartida, as técnicas de escalonamento automático, quer sejam proactivas ou preditivas, tentam projetar e antecipar os requisitos futuros (Lim, et al., 2010).

Assim, libertam ou adquirem recursos de acordo com as necessidades previstas. Se considerarmos a utilização de um determinado tipo de carga de trabalho ou recurso como se fosse uma série temporal, podemos imaginar várias alternativas de previsão. Por exemplo, podemos considerar a média de um determinado número de amostras da série como sendo a procura prevista de recursos (Lorido-Botran, et al., 2012). Em alternativa, podemos considerar a utilização mais elevada de recursos ao longo de um determinado número de amostras numa determinada janela. Lorido-Botran et al. (2012) admitem que a utilização do valor mais elevado ou da média nem sempre é uma opção eficiente.

De acordo com Lim et al (2010), existe uma vasta

literatura que discute extensivamente o escalonamento automático na computação em nuvem a partir de várias perspectivas. Em grande parte da literatura, os autores se concentraram nas camadas de computação em nuvem, como SaaS, laaS e PaaS. Alguns trabalhos específicos examinam as tarefas de escalonamento para todas as três camadas de aplicativos (Lorido-Botran, et al., 2012). Urgaonkar et al. (2008) argumentam que adicionar mais servidores no nível do gargalo não é realmente útil, pois apenas desloca o gargalo para outros níveis a jusante.

De acordo com Lorido-Botran et al (2012), os fornecedores de serviços em nuvem oferecem várias opções de faturação, que geralmente seguem o modelo de pagamento por utilização. Os esquemas de faturação da Amazon são os mais discutidos na literatura existente. Os fornecedores de IaaS oferecem instâncias a pedido, no local e reservadas para satisfazer uma variedade de necessidades dos utilizadores. As instâncias únicas permitem aos utilizadores licitar a capacidade não utilizada do Amazon EC2 a preços inferiores aos das instâncias regulares. A Amazon estabelece preços à vista e ajusta-os de acordo com a oferta e a procura. Os utilizadores que fazem ofertas acima dos preços têm acesso às instâncias pontuais disponíveis. Tem sido realizada investigação nesta área específica, propondo abordagens para orientar os utilizadores quando fazem uma licitação (Lorido-Botran, et al., 2012; Urgaonkar, et al., 2008). O Amazon EC2 também oferece instâncias reservadas. Estas são concebidas para uma utilização prolongada. Inicialmente, os utilizadores pagam montantes pré-determinados e invariáveis por cada instância, e a taxa horária é significativamente inferior ao preço das instâncias a pedido ou no local (Lorido-Botran, et al., 2012).

O nível de flexibilidade e diversidade das funções de computação em nuvem, que se está a desenvolver nos sistemas de computação em nuvem, foi planeado por modelos de computação em nuvem federados, coletivamente com as incertezas e extensões dos seus componentes, tais como serviços, carga de trabalho e servidores informáticos, colocam um problema desafiante no aprovisionamento eficiente e no aprovisionamento da infraestrutura de computação em nuvem (Armbrust, Fox, Griffith, Joseph, Katz, Konwinski, Lee, Patterson, Rabkin, Stoica & Zaharia, 2009). A prestação de serviços implica um elevado nível de gestão da rede, da computação e do armazenamento de recursos, o que permite a prestação eficiente de serviços aos assinantes. Mais especificamente, os prestadores de serviços precisam de garantir a existência de soluções eficazes para resolver os problemas de segurança nas infra-estruturas federadas de computação em nuvem. Assim, foram desenvolvidas várias propostas e sugestões para encontrar formas de garantir a fiabilidade e a segurança em locais de computação em nuvem.

Alguns investigadores consideram que, dado o fosso crescente entre a procura de energia e os custos, é importante que a computação em nuvem seja flexibilizada em termos de utilização, rentabilidade e eficiência. É importante garantir a segurança no ambiente de computação em nuvem aquando do mapeamento de serviços e recursos. A principal forma de o conseguir é garantir um sistema de configuração de hardware e software autenticado para permitir que os objectivos de QoS sejam cumpridos e, ao mesmo tempo, maximizar a utilização e aumentar a eficiência do sistema. No entanto, investigadores contraditórios (Buyya et al., 2009) argumentam que este processo é difícil de alcançar porque, como vimos anteriormente, a identificação de serviços e recursos é uma abordagem complicada. Por esta razão, recomendam a necessidade de improvisar um modelo de serviço e de desempenho baseado no mercado, assente em tecnologias de mapeamento que sejam eficientes de utilizar sem causar problemas de segurança no ambiente de computação em nuvem (Boran, 2003).

Na infraestrutura de computação em nuvem, é essencial que a infraestrutura de rede seja capaz de prever as várias exigências de segurança e de serviço dos assinantes alojados. Isto ajudará a recolher informações sobre as decisões tomadas em relação ao aumento e à redução dinâmicos dos serviços prestados no ambiente de computação em nuvem (Kundra, 2012). Além disso, é necessário acrescentar mais informações sobre os modelos concretos de previsão e observação que devem ser concebidos de forma segura em termos de exigências de largura de banda, computação em nuvem, armazenamento e capacidade de recuperação. No entanto, mesmo esta abordagem não é totalmente segura. Nayak & Yassir (2012) referiram que é difícil conceber modelos com os níveis desejados de precisão no ajuste estatístico e na aprendizagem, quando estão relacionados com distribuições de serviços observados, como a distribuição temporal, os padrões de chegada, a utilização da rede de computação em nuvem e o comportamento do sistema de entrada/saída. O problema é ainda agravado por estatísticas correlacionadas, incluindo a dependência a curto e a longo prazo, a estacionariedade e a pseudo-periodicidade no comportamento dos serviços (McCarthy, 2011).

O sistema de computação em nuvem deve ser instalado com um componente de sistema que possa ser monitorizado de forma escalável em todo o sistema de nuvem. As tácticas categorizadas podem ser utilizadas para monitorizar e gerir as técnicas existentes que são propensas a ataques de espionagem e falsificação em todo o sistema (Boran, 2003). Para apoiar esta abordagem, foi apresentada a teoria central de que a abordagem centralizada pode não ser eficaz para garantir a segurança desta rede devido a uma série de factores.

O sistema de vigilância é importante para qualquer questão de segurança porque melhora o controlo em linha e o desempenho coletivo. O sistema de vigilância é importante em qualquer questão de segurança porque melhora o controlo em linha e uma caraterística de desempenho coletivo. Assim, uma arquitetura capaz de monitorizar e gerir os serviços utilizados e os serviços fornecidos com base na indexação e no envio descentralizado de mensagens pode estimular a computação em nuvem (ITA, 1998).

Mudança de geração na plataforma de TI

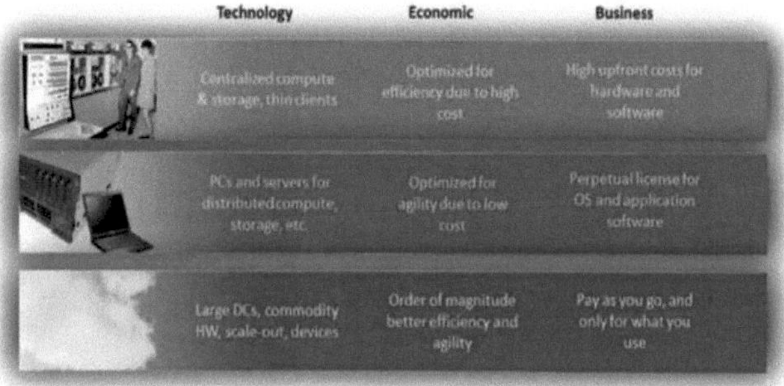

Figura 1: O conceito esquemático de Chou da mudança geracional na computação em nuvem, incluindo a arquitetura, a infraestrutura, as operações, o desenvolvimento, a implantação, a otimização, a automatização, o custo, a capacidade de gestão e os aspectos críticos da TI.

Depois de definir o conceito geral que engloba a computação em nuvem, a segunda teoria de Chou é intitulada em referência ao princípio 5-3-2. Esta teoria, conhecida como princípio 5-3-2, define a essência e o âmbito do domínio da computação em nuvem. Este princípio facilitou a definição de um quadro específico, através da aplicação da compreensão dos fenómenos da computação em nuvem. De acordo com esta teoria, os princípios aplicados à computação em nuvem podem ser facilmente alinhados com os valores empresariais relacionados com as tecnologias da informação e fornecer soluções em que este conceito é facilmente aplicável (Shroff, 2010).

No entanto, Chou melhorou a compreensão de todo o processo através de uma representação esquemática. Alguns princípios e quadros possíveis da segunda abordagem envolvem o desenvolvimento de uma nuvem orientada para os serviços públicos e de uma rede integrada. Deste modo, os coordenadores podem exportar serviços e geri-los através de negociações e trocas baseadas no mercado. Na computação em nuvem, um corretor pode servir de mediador entre os fornecedores de serviços e os consumidores. Este intercâmbio na nuvem actuará então como um intercâmbio comercial que tem a capacidade de partilhar entre vários domínios através de procedimentos de correspondência. Como tal, a cadeia consiste nas caraterísticas essenciais da computação em nuvem, nos meios de entrega e nos métodos de implantação (Boran, 2003).

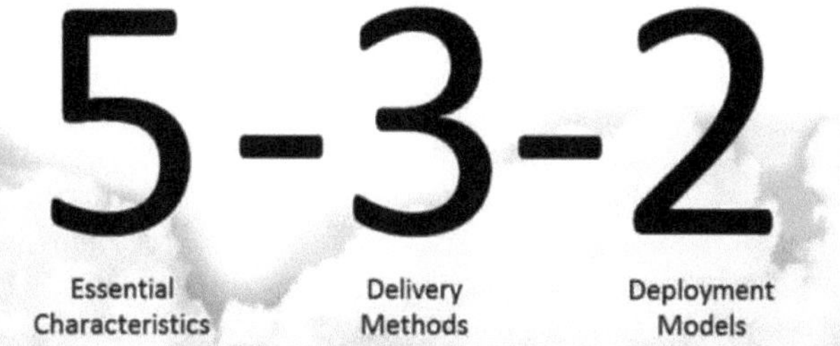

Fig. 2: Princípio 2(nd) 5-3-2 de Chou, que define a essência e o âmbito da computação em nuvem.

A terceira teoria, apresentada por Chou, baseia-se no princípio 5-3-2 da computação em nuvem e descreve as 5 caraterísticas essenciais (Figura 3), 3 métodos de entrega (Figura 4) e 2 modelos de implantação da computação em nuvem (Figura 5). Esta teoria engloba essencialmente as cinco caraterísticas de uma aplicação de computação em nuvem, nomeadamente o serviço a pedido, a rápida elasticidade, os serviços de pagamento por utilização, a partilha transparente de locais de recursos e o acesso ubíquo à rede (Figura 3).

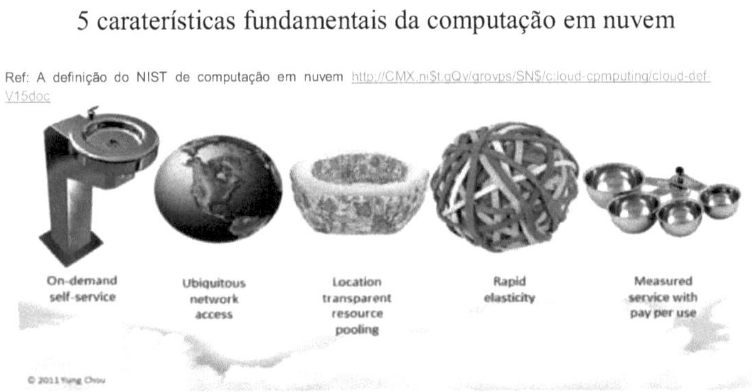

5 caraterísticas fundamentais da computação em nuvem

Ref: A definição do NIST de computação em nuvem http://CMX.ni$t.gQv/grovps/SN$/c:loud-cpmputing/cloud-def-V15doc

On-demand self-service

Ubiquitous network access

Location transparent resource pooling

Rapid elasticity

Measured service with pay per use

© 2011 Yung Chou

Figura 3: As 5 caraterísticas essenciais de Chou num ambiente de computação em nuvem.

Estas caraterísticas englobam as três fases dos métodos de entrega, que são normalmente utilizados nos processos de TI. Os três métodos de prestação de serviços de computação em nuvem incluem o serviço de software, o serviço de plataforma e os recursos de infraestrutura, normalmente designados por SaaS, PaaS e IaaS, respetivamente (Figura 4).

3 Métodos de fornecimento de serviços de computação em nuvem

Figura 4: O conceito de Chou dos três métodos de prestação de serviços em nuvem: SaaS, PaaS e LaaS.

No modelo mais básico de serviço em nuvem - e de acordo com a Internet Engineering Task Force (IETF) - os fornecedores de Infraestrutura como Serviço (IaaS) oferecem computadores, físicos ou virtuais, e outros recursos.

e outros recursos. A IaaS refere-se a serviços em linha que abstraem dos pormenores da infraestrutura, como os recursos de computação física, a localização, a partição de dados, o escalonamento, a segurança e a cópia de segurança. As nuvens IaaS oferecem frequentemente recursos adicionais, como discos de máquinas virtuais, bibliotecas de imagens, armazenamento em blocos brutos, armazenamento de ficheiros ou objectos, equilibradores de carga, firewalls, endereços IP, redes locais virtuais (VLAN) e pacotes de software (Amies, 2012). Os fornecedores de IaaS na nuvem fornecem estes recursos a pedido a partir dos seus vastos conjuntos de equipamentos instalados em centros de dados. Para a conetividade de área alargada, os clientes podem utilizar a Internet ou as nuvens dos operadores (redes privadas virtuais dedicadas).

Para implementar as suas aplicações, os utilizadores da nuvem instalam imagens do sistema operativo e do seu software de aplicação na infraestrutura da nuvem (Ahanich, 2012). Neste modelo, o utilizador da nuvem corrige e mantém o sistema operativo e o software de aplicação. Os fornecedores de serviços na nuvem cobram normalmente pelos serviços IaaS numa base de computação utilitária: o custo reflecte a quantidade de recursos atribuídos e consumidos (Amazon, 2013).

Os fornecedores de plataformas como serviço (PaaS) oferecem um ambiente de desenvolvimento para os criadores de aplicações. O fornecedor geralmente desenvolve conjuntos de ferramentas e normas para o desenvolvimento e canais de distribuição e pagamento. Nos modelos PaaS, os fornecedores de serviços de computação em nuvem oferecem uma plataforma de computação, que normalmente inclui sistemas operativos, um ambiente de execução de linguagem de programação, bases de dados e servidores Web. Os programadores de aplicações podem desenvolver e executar as suas soluções de software numa plataforma de computação em nuvem sem o custo e a complexidade de adquirir e gerir as camadas de hardware e software subjacentes. Com algumas ofertas de PaaS, como a Microsoft, Azure e Google App Engine, os recursos de computação e armazenamento subjacentes adaptam-se automaticamente à procura de aplicações, pelo que o utilizador da nuvem não tem de atribuir recursos manualmente. Este último ponto foi também proposto por uma arquitetura concebida para facilitar o tempo real em ambientes de computação em nuvem (Boniface, 2010). Podem ser fornecidos tipos de aplicações ainda mais específicos através de PaaS, como a codificação de media fornecida por serviços como bitcodin.com (bitcodin, 2015) ou media.io (media, 2015).

Alguns fornecedores de serviços de integração e gestão de dados também adoptaram aplicações PaaS especializadas como modelos para fornecer soluções de dados. Os exemplos incluem o "iPaaS" e o "dPaaS" (Integration Platform as a Service), que permitem aos clientes desenvolver, executar e gerir fluxos de trabalho de integração (Gartner, 2015). No modelo de integração IPaaS, os clientes conduzem o desenvolvimento e a implementação de integrações sem instalar ou gerir hardware ou software intermédios (Gardner, 2013). A Plataforma de Dados como um Serviço (dPaaS) fornece produtos de integração e gestão de dados como um serviço totalmente gerido (Lawson, 2015). No modelo dPaaS, o fornecedor da PaaS, e não o cliente, gere o desenvolvimento e a execução de soluções de dados através da criação de

Os utilizadores de dPaaS mantêm a transparência e o controlo sobre os dados graças às ferramentas de visualização de dados (Lowry, 2015).

Os consumidores de PaaS não gerem nem controlam a infraestrutura de nuvem subjacente, incluindo redes, servidores, sistemas operativos ou armazenamento, mas têm controlo sobre as aplicações implementadas e, possivelmente, sobre os parâmetros de configuração do ambiente de alojamento das aplicações.

No modelo SaaS (Software as a Service), os utilizadores têm acesso a software de aplicação e a bases de dados. Os fornecedores de serviços na nuvem gerem a infraestrutura e as plataformas que executam as aplicações. O SaaS é por vezes designado por "software a pedido" e é geralmente facturado numa base de pagamento por utilização ou de subscrição.

No modelo SaaS, os fornecedores de serviços de computação em nuvem instalam e operam o software de aplicação na nuvem e os utilizadores da nuvem acedem ao software a partir de clientes da nuvem. Os utilizadores da nuvem não gerem a infraestrutura e as plataformas da nuvem em que a aplicação é executada. Por conseguinte, não há necessidade de instalar e executar a aplicação nos computadores dos utilizadores, o que simplifica a manutenção e o apoio. As aplicações de computação em nuvem distinguem-se de outras aplicações pela sua escalabilidade, que pode ser conseguida através da clonagem de tarefas em várias máquinas virtuais em tempo de execução para satisfazer a procura de trabalho em constante mudança (Hamdaga, 2012). Os balanceadores de carga distribuem o trabalho por todas as máquinas virtuais. Este processo é transparente para o utilizador da nuvem, que vê apenas um ponto de acesso. Para satisfazer as necessidades de um grande número de utilizadores, as aplicações na nuvem podem ser multi-tenant, o que significa que uma máquina pode servir mais do que uma organização de utilizadores na nuvem.

O modelo de preços das aplicações SaaS é geralmente uma

taxa mensal ou anual por utilizador (Chou, 2015), pelo que os preços se tornam escaláveis e ajustáveis se os utilizadores forem adicionados ou removidos a qualquer momento.

Os defensores do SaaS afirmam que a empresa pode reduzir os seus custos operacionais de TI externalizando a manutenção e o apoio ao hardware e ao software para o fornecedor de serviços em nuvem. Isto permite à empresa reafectar os seus custos operacionais de TI a outros objectivos, em detrimento das despesas de hardware e software e dos custos de pessoal. Além disso, como as aplicações são alojadas centralmente, podem ser lançadas actualizações sem que os utilizadores tenham de instalar novo software. A desvantagem do SaaS é que os dados dos utilizadores são armazenados no servidor do fornecedor da nuvem. Consequentemente, existe o risco de acesso não autorizado aos dados. É por isso que os utilizadores estão a adotar cada vez mais sistemas inteligentes de gestão de chaves de terceiros para proteger os seus dados.

O conceito final é a segurança utilizando os dois modelos de implantação, que incluem centros de dados privados e computação em nuvem pública. É essencial compreender os serviços necessários no âmbito da computação em nuvem e a forma como estes desempenham as suas funções no sector das TI. A compreensão dos métodos de implantação utilizados para adquirir o serviço constituirá a base para compreender os objectivos e a natureza do serviço. Este método permite distinguir entre a computação em nuvem privada e pública (Canavan, 2001).

Outra caraterística importante que merece ser mencionada é o facto de, independentemente da natureza da rede do cliente, privada ou pública, os dados serem sempre parte integrante da mesma. É essencial recordar que, para que a computação em nuvem funcione e opere eficazmente, deve ser compatível com a base de dados que permite armazenar e fazer circular os diferentes tipos de dados utilizados.

As representações esquemáticas dos diferentes métodos de implantação da computação em nuvem são apresentadas na Figura 5.

2 Modelos de implantação

Figura 5: O conceito de Chou de 2 modelos de implantação de nuvens - privada e pública

Uma nuvem privada é uma infraestrutura de nuvem operada exclusivamente para uma única organização, quer seja gerida internamente ou por terceiros, e alojada interna ou externamente (Instituto Nacional, 2011). A realização de um projeto de nuvem privada requer um nível e um grau de compromisso significativos para virtualizar o ambiente empresarial e obriga a organização a reavaliar as decisões sobre os recursos existentes. Quando feito corretamente, este projeto pode melhorar o negócio, mas cada fase do projeto levanta questões de segurança que precisam de ser abordadas para evitar vulnerabilidades graves.Os centros de dados autogeridos (GovConnection, 2014) são tipicamente de capital intensivo. Os centros de dados autogeridos (GovConnection, 2014) são geralmente de capital intensivo. Têm uma grande pegada física, exigindo a atribuição de espaço, hardware e controlos ambientais. Estes activos têm de ser renovados periodicamente, o que resulta em despesas de capital adicionais. Foram alvo de críticas porque os utilizadores continuam a ter de "comprar, construir e gerir" e, por conseguinte, não beneficiam de uma gestão menos direta, essencialmente "sem o modelo de negócio que torna a computação em nuvem um conceito tão intrigante" (Huff, 2009; *InformationWeek,* 2010).

Uma nuvem é considerada uma "nuvem pública" quando os serviços são fornecidos através de uma rede aberta ao público. Os serviços de nuvem pública podem ser gratuitos (Reuse, 2014). Tecnicamente, pode haver pouca ou nenhuma diferença entre a arquitetura de uma nuvem pública e a de uma nuvem privada, mas as considerações de segurança podem ser significativamente diferentes para aplicações, armazenamento e outros recursos. Estes são disponibilizados por um prestador de serviços a um público e a comunicação é efectuada através de uma rede não fiável. Em geral, os fornecedores de serviços de computação em nuvem, como a Amazon Web Service (AWS), a Microsoft e a Google, possuem e operam a infraestrutura nos seus centros de dados e o acesso é geralmente feito através da Internet. A AWS e a Microsoft também oferecem serviços de ligação direta denominados "AWS Diret Connect" e "Azure ExpressRoute", respetivamente. Estas ligações requerem que os clientes comprem ou aluguem uma ligação privada a um ponto de peering oferecido pelo fornecedor de serviços de computação em nuvem (IDC, 2010).

Recentemente, surgiu um terceiro conceito para a implantação de serviços em nuvem. Trata-se da nuvem híbrida, que é uma composição de duas ou mais nuvens, privadas ou públicas, que permanecem entidades separadas, mas estão ligadas entre si, oferecendo os benefícios de vários modelos de implantação. As nuvens híbridas também podem significar a capacidade de ligar a colocação, gerir e/ou dedicar serviços aos recursos da nuvem (Instituto Nacional, 2011).

O Gartner Group (2008) define um serviço de nuvem híbrida como um serviço de nuvem composto por uma combinação de serviços de nuvem pública, privada ou comunitária de diferentes provedores de serviços (Bittman, 2015). Um serviço híbrido atravessa as fronteiras do isolamento e do fornecedor, pelo que não pode ser simplesmente classificado como um serviço de nuvem privado, público ou comunitário por agregação, integração ou personalização com outro serviço de nuvem.

Há uma variedade de usos para a composição de nuvem híbrida. Por exemplo, uma organização pode armazenar dados confidenciais de clientes internamente ou em um aplicativo de nuvem privada, mas interconectar esse aplicativo com um aplicativo de business intelligence fornecido em uma nuvem pública como um serviço de software (CIO.com, 2014). Este exemplo de utilização da nuvem híbrida alarga as capacidades da empresa para fornecer um serviço comercial específico através da adição de serviços de nuvem pública disponíveis externamente. A adoção da nuvem híbrida depende de uma série de factores, como a segurança dos dados, os requisitos de conformidade, o nível de controlo necessário sobre os dados e as aplicações utilizadas pelas organizações (Athow, 2015).

Outro exemplo de utilização da nuvem híbrida é quando as organizações de TI utilizam recursos de computação em nuvem pública para satisfazer necessidades temporárias de capacidade que não podem ser satisfeitas pela nuvem privada (Metzler, 2010). Essa capacidade permite que as nuvens híbridas usem a explosão de nuvem para o dimensionamento da nuvem (Instituto Nacional, 2011). A explosão da nuvem é um modelo de implantação de aplicativos no qual um aplicativo é executado em uma nuvem privada ou centro de dados e "explode" em uma nuvem pública quando a demanda por capacidade de computação aumenta. Um dos principais benefícios da explosão da nuvem e de um modelo de implantação de nuvem híbrida é que uma organização só paga por recursos de TI adicionais quando eles são necessários (Rouse, 2011). A expansão da nuvem permite que os centros de dados criem uma infraestrutura de TI interna que suporte cargas de trabalho médias e utilize recursos de nuvem pública ou privada durante os picos de procura de processamento (Vizard, 2012).

O modelo especializado de nuvem híbrida, que se baseia em hardware heterogéneo, é designado por "nuvem híbrida multiplataforma". Uma nuvem híbrida multiplataforma é normalmente alimentada por diferentes arquitecturas de CPU. Os utilizadores podem implantar e escalar aplicações sem problemas, sem experimentar a diversidade do hardware da nuvem (Kaewkasi, 2015).

Em geral, os mecanismos de computação em nuvem envolvem a produção de aplicações comerciais comuns em linha. As aplicações são facilmente acessíveis a partir de vários tipos de navegadores Web, mas os servidores são utilizados para armazenar os dados e o software. De acordo com Vaquero et al (2009), o National Institute of Standards and Technology (NIST) fornece uma definição mais elaborada de computação em nuvem. A palavra "nuvem" é uma metáfora. Refere-se a instalações e serviços fornecidos a clientes que têm acesso direto à Internet. A utilização desta tecnologia permite ligar diretamente diferentes redes, independentemente das barreiras físicas que possam comprometer a segurança da computação em nuvem (Forman, 2003).

De acordo com Kyriazis (2010), a computação em nuvem é uma das formas mais actuais de inovação nas tecnologias da Internet. A LAN/WAN é consideravelmente influenciada pelos processos de TI. A Internet forneceu a base tecnológica para o surgimento da construção de infra-estruturas, abrindo caminho para vastos desenvolvimentos (ITA, 1998). Com tais facilidades e oportunidades à sua disposição, era fácil acreditar que as páginas Web, anteriormente estáticas, iriam melhorar e incorporar funcionalidades avançadas e embelezar o seu material Web com elementos de interatividade (Sosinsky, 2011). Esta revolução foi ainda mais catalisada e facilitada pelas aplicações alojadas fornecidas pelo correio eletrónico Hotmail. Por exemplo, algumas das caraterísticas activas das plataformas de computação em nuvem no ambiente de computação em nuvem do Microsoft Azure, Amazon Web, Google Engine, Eucalyptus e GoGrid que fornecem serviços pré-integrados que podem monitorizar, fornecer e gerir aplicações e recursos de rede. No entanto, as técnicas que podem ser implementadas num ambiente de nuvem variam. Como resultado, alguns fornecedores de serviços podem expor funcionalidades críticas para o negócio e o fornecimento de serviços de aplicações na plataforma de segurança Amazon EC2 (Reda, Reifler, & Thatcher, 2005).

Qualquer que seja a natureza da rede do cliente, seja ela privada ou pública, é necessário ter em conta que os dados são sempre parte integrante da rede. Por conseguinte, para uma coordenação, um funcionamento e uma exploração eficazes da computação em nuvem e para a compatibilidade com a base de dados, é obrigatório consentir no armazenamento e na circulação dos diferentes tipos de dados utilizados. No entanto, pode ser difícil atingir o limiar desejado para algumas partilhas de informação, uma vez que não existe uma infraestrutura de computação em nuvem única que controle todos os ambientes de computação em nuvem possíveis. Por esta razão, os serviços aplicadores de computação em nuvem, SaaS, serão difíceis de distribuir e de satisfazer os requisitos de qualidade do serviço. Seria então crucial federar os seus serviços para que possam fornecer serviços fiáveis aos seus utilizadores (Kaufman, 2009; McCarthy, 2011).

No seu estudo, Stockinger (2007) argumenta que a questão fundamental é saber se se deve acreditar que a computação em nuvem não é apenas uma moda passageira, mas é também impulsionada por benefícios poderosos e tangíveis que podem ser derivados da utilização e subsequente implementação destas tecnologias (Boran, 2003). Independentemente de a rede de computação em nuvem ser utilizada internamente num recurso desenvolvido numa organização, num serviço fornecido à empresa por um terceiro ou numa combinação híbrida de qualquer uma das duas tecnologias acima referidas, esta apresenta alguns benefícios poderosos e muito úteis que impulsionam a eficácia dessa tecnologia (Kaufman, 2009). Este tipo de necessidade surge frequentemente em organizações que têm aplicações e operações globais, por exemplo, alojamento de meios de comunicação, serviços Internet e aplicações Web 2.0. Em geral, esta abordagem pode exigir a construção de algoritmos e tecnologias para a federação unificada da computação em nuvem e com riscos mínimos no auto-provisionamento de serviços para vários ambientes de nuvem (Kaufman, 2009; McCarthy, 2011).

A introdução de funcionalidades mais avançadas que resultam numa configuração mais fácil de utilizar facilitou o aparecimento de um novo serviço denominado "Software as a Service", abreviado como SaaS. Com a melhoria da acessibilidade e da disponibilidade dos factores de computação em nuvem, as empresas privadas incorporaram a computação em nuvem como um componente intrínseco e, coletivamente, todas elas foram criadas para oferecer aos seus clientes os benefícios associados às operações de computação em nuvem (Canavan, 2001). Muitos serviços cibernéticos, que utilizam o ambiente de computação em nuvem como espinha dorsal, foram recentemente integrados no mundo da informática. No entanto, é empírico notar que não é possível efetuar de uma só vez uma análise completa das implicações deste ambiente informático para a segurança dos dados e que a investigação está em curso.

Algumas destas tecnologias serão ilustradas e explicadas em pormenor durante as várias fases deste debate no sítio Web. Uma das principais vantagens e benefícios desta tecnologia é a especialização. Devido à amplitude da especialização oferecida pelas bases de dados de computação em nuvem, é necessário um grande conhecimento para criar e operar os sistemas responsáveis pelo funcionamento e tratar das questões cruciais e vitais da segurança, da escalabilidade e da manutenção da plataforma. A especialização é essencial para cada uma das fases descritas no modelo tradicional. A especialização e a competência em cada um dos domínios são geralmente essenciais (Armbrust et al., 2009). No entanto, com o advento da tecnologia de computação em nuvem, as tarefas foram consideravelmente simplificadas. A tecnologia de computação em nuvem fornece conhecimentos especializados e serviços, permitindo que diferentes clientes partilhem recursos. Em vez de empregar um único funcionário capaz de realizar todas estas tarefas, a computação em nuvem permite contratar pessoas especializadas em diferentes áreas (Canavan, 2001). A contratação e o emprego adicionais de pessoas podem, por sua vez, ser compensados sob a forma de uma distribuição das despesas pelo maior número de clientes atraídos pela contratação de diferentes empregados. Na sua investigação, a ITA (1998) salientou os benefícios da especialização que advém da computação em nuvem. Salientou as várias vantagens que podem ser obtidas pelo facto de uma gama diversificada de clientes se inscrever na organização e começar a utilizar os serviços que esta fornece.

As redes locais (LAN) interligam computadores em áreas limitadas, como a casa, a escola, os laboratórios de informática ou mesmo os escritórios, utilizando um meio de rede. As caraterísticas das LAN que as distinguem das redes de área alargada (WAN) são as elevadas taxas de transferência de dados, as áreas de cobertura restritas e as linhas de telecomunicações alugadas (Groth & Skandler, 2009). Foram utilizadas as normas ARCNET, token ring e outras tecnologias. A Ethernet sobre cabos de par entrançado e o Wi-Fi são as tecnologias utilizadas na construção de redes locais. A necessidade de redes locais é explicada pelo facto de a utilização de computadores detalhar a aplicação de ligações à Internet para as várias actividades que serão necessárias para garantir um fluxo regular de actividades em diferentes locais. As pequenas instituições que utilizam redes locais necessitam de transferir informação entre diferentes departamentos da mesma entidade.

A abordagem baseada nas necessidades para a utilização destes sistemas tem como objetivo facilitar os vários sistemas relacionados na manutenção de um bem comum nos sistemas de comunicação (Groth & Skandler, 2009). As necessidades de comunicação variam de local para local e, por isso, a assimilação das diferentes componentes requer uma ordem cronológica dos acontecimentos nas diferentes circunstâncias para a utilização quantitativa do software aplicável. As redes locais desempenham um papel essencial na determinação do tipo de processos que podem ser utilizados para o intercâmbio rápido de dados. A infraestrutura utilizada deve facilitar os esforços combinados na integração necessária para os procedimentos a empregar no desenvolvimento de bons procedimentos de rede. Os computadores individuais necessitarão de uma ligação que apresente em pormenor uma avaliação qualitativa dos elementos-chave do processo de manutenção de um fluxo de qualidade da eficácia da ligação em rede. A fase de implementação deve ser assimilada de forma a que as pessoas envolvidas desempenhem o papel que lhes foi atribuído a partir dos sítios pré-determinados.

O processo de integração não utilizará muitas das estratégias de um sistema complicado de computação em nuvem (Groth & Skandler, 2009). Os avanços processuais facilitam o tratamento esperado das informações provenientes de diferentes áreas de trabalho em rede que serão úteis em todo o sistema. As considerações ideológicas que facilitam o trabalho através do acesso a dados de diferentes locais permitem a síntese qualitativa do sistema de análise integrada.

As diferentes caraterísticas da rede local não fornecerão a maioria dos requisitos que determinarão o sucesso dos processos de aplicação. A interconectividade dos processos não está relacionada com a transferência eficiente de diferentes locais dentro da mesma rede. Os avanços processuais na manutenção de uma rede local não apoiam a ideia de considerações processuais na manutenção de um procedimento informático bem sucedido (Groth & Skandler, 2009).

Os avanços tecnológicos no sector das tecnologias da informação ajudaram muito na compilação de factores de fácil acesso a factos materiais que facilitam os factores de implementação numa personalização bem sucedida dos determinantes relacionados com a utilização. A ideia de integração de dados qualitativos aplica-se muito bem às redes locais, que desempenham um papel fundamental na forma como a gestão de processos é implementada. O processo de socialização nas redes locais será uma consideração importante na atribuição de elementos subsequentes numa compilação total de factos materiais. As redes locais percorreram um longo caminho no sentido em que a utilização das suas aplicações não coordena o processo sequencial de integração num sistema de tratamento de dados conclusivo (Groth & Skandler, 2009). As considerações processuais que serão úteis na conetividade de rede avançada não incorporam a ideia de perda de dados na conceção do sistema.

As técnicas processuais de aplicação dos sistemas não serão de grande importância quando o sistema completo for completamente revisto. As adaptações tecnológicas não pouparam a ideia de uma perda total de dados em caso de falha da rede local (Groth & Skandler, 2009). As complicações que existem em todo o processo serão adaptadas a qualquer sistema existente à medida que todo o processo de conetividade de dados progride (Forouzan & Fegan, 2003). De acordo com Forouzan e Fegan (2003) e Goldman e Rawles (2000), as redes locais têm ligações estreitas com as estruturas de barramento 1/0 encontradas nos sistemas informáticos digitais e nas redes de comunicação de pacotes de longa distância (LHPCN).

Os protocolos e a estrutura das LAN baseiam-se na comunicação por pacotes (PC), enquanto as tecnologias de hardware se baseiam tanto em redes como em barramentos de computadores (Forouzan & Fegan, 2003). Os autores explicam que as redes locais nasceram da evolução contínua das redes de PC e das tecnologias relacionadas com o hardware. Atualmente, as técnicas de PC são bem conhecidas e amplamente apreciadas (Forouzan & Fegan, 2003; Goldman & Rawles, 2000). Os preços do hardware continuaram a baixar, por vezes drasticamente. Estes desenvolvimentos criaram ambientes onde, num edifício ou grupo de edifícios, existem mainframes, minicomputadores, sistemas de microprocessadores e vários dispositivos inteligentes que contêm microprocessadores (Forouzan & Fegan, 2003). Ao longo do tempo, as redes locais evoluíram para responder à procura crescente de comunicações computador a computador que permitem uma transferência rápida de dados a baixo custo (Forouzan & Fegan, 2003; Goldman & Rawles, 2000).

Fortier e Desrochers (1990) referem que as LHPCN cobrem tipicamente distâncias que vão de alguns metros a centenas de milhares de quilómetros, sobretudo no caso das redes de pacotes com alcance intercontinental. As estruturas de barramento utilizadas nos sistemas informáticos variam entre as presentes nos sistemas com microprocessadores e as utilizadas nos sistemas multiprocessadores de grande escala (Goldman & Rawles, 2000). O comprimento típico dos primeiros situa-se entre um e dez centímetros, enquanto o dos segundos pode atingir cem metros (Forouzan & Fegan, 2003; Goldman & Rawles, 2000).

Fortier e Desrochers (1990) explicaram que a evolução inicial das redes locais ocorreu em ambientes em que a rede cobria uma distância muito inferior à distância coberta por tecnologias de baixo custo para comunicações digitais rápidas (Fortier e Desrochers, 1990; Forouzan e Fegan, 2003; Goldman e Rawles, 2000). Atualmente, a distância das redes locais é determinada pelas distâncias em que podem ser utilizadas tecnologias baratas. Isto conduz a redes com taxas de dados elevadas e custos de transmissão e de controlo relativamente baixos que estavam associados às redes tradicionais de comunicação de dados (Fortier & Desrochers, 1990; McNamara & Romkey, 1996).

Este desenvolvimento proporcionou uma série de oportunidades invulgares que as LHPCNs convencionais nunca poderiam ter tido (Forouzan & Fegan, 2003; Goldman & Rawles, 2000). Para as LHPCN, os custos de comunicação são significativamente elevados porque as ligações e os circuitos de micro-ondas são caros (Forouzan & Fegan, 2003; McNamara & Romkey, 1996). As LHPCN utilizam normalmente minicomputadores bastante dispendiosos como comutadores de pacotes para encaminhar e gerir o fluxo de tráfego. O objetivo é otimizar a utilização das ligações de comunicação em rede e o encaminhamento dos pacotes para destinos ou alvos adequados (Fortier & Desrochers, 1990).

As caraterísticas geográficas das redes locais levam a considerações tecnológicas e fiscais muito diferentes (Forouzan & Fegan, 2003; Fortier & Desrochers, 1990; Goldman & Rawles, 2000; McNamara & Romkey, 1996). Podem ser utilizados meios de transmissão baratos e de propriedade privada. O hardware necessário para conduzir e controlar as transmissões é pouco dispendioso, pelo que há pouco incentivo ou necessidade de utilizar a capacidade ou potência informática para garantir uma utilização óptima da largura de banda existente (Forouzan & Fegan, 2003; Fortier & Desrochers, 1990; Goldman & Rawles, 2000; McNamara & Romkey, 1996). Em geral, é fornecida largura de banda adicional ou é utilizada uma maior proporção da largura de banda disponível. As possibilidades técnicas e fiscais das redes locais estão a gerar novas aplicações para as técnicas de ligação em rede e oferecem possibilidades especiais de simplificação dos problemas tradicionais ou clássicos de ligação em rede (McNamara & Romkey, 1996).

A maioria dos condicionalismos da LHPCN impostos aos modelos de comunicação em redes de computadores não se aplica às LAN. Em geral, as LAN são utilizadas para fornecer sistemas de ficheiros centrais a grupos de computadores que não possuem os seus próprios sistemas de armazenamento secundário. Os sistemas são acedidos através de LANs para aplicações de paginação ou de intercâmbio (Forouzan & Fegan, 2003; McNamara & Romkey, 1996). A elevada largura de banda das redes locais é explorada no endereço para simplificar a estrutura de controlo dos protocolos de comunicação. A simplificação é conseguida eliminando qualquer motivação ou exigência de reduzir o comprimento dos controlos, ou a informação de sobrecarga transmitida nos pacotes (McNamara & Romkey, 1996).

Os campos de cabeçalho de pacotes em LANs são facilmente organizados para simplificar os procedimentos de processamento envolvidos na interpretação ou criação dos cabeçalhos, usando muitos bits. Em geral, há pouca necessidade das técnicas de abreviação normalmente encontradas nos protocolos LHPCN (Fortier & Desrochers, 1990). Os protocolos LHPCN requerem pesquisas adicionais de tabelas pelos destinatários das mensagens. Em comparação com as caraterísticas do LHPCN, as caraterísticas da LAN são bastante simples. Incluem esquemas utilizados para a atribuição da largura de banda da rede, o controlo do fluxo e a deteção e correção de erros (Fortier & Desrochers, 1990; Forouzan & Fegan, 2003; McNamara & Romkey, 1996).

De acordo com Fortier & Desrochers (1990), embora um certo número de LANs sejam redes independentes de outras, têm sido feitos esforços crescentes para ligar LANs a LHPCNs. A tendência para a interconexão tem sido impulsionada pelas necessidades dos utilizadores, em especial as relacionadas com os anfitriões das LAN, e por considerações económicas. Por exemplo, uma LAN pode constituir um meio rentável de ligar alguns anfitriões numa área limitada a uma ou mais LHPCNs. Isto pode proporcionar economias de custos mesmo nos casos em que os anfitriões estão ligados a uma única LHPCN. As poupanças são possíveis porque o hardware do anfitrião para a interface LAN pode ser mais barato do que o dos LHPCNs. Por outro lado, é necessária apenas uma porta para o LHPCN, em vez de uma porta para cada anfitrião (Forouzan & Fegan, 2003; McNamara & Romkey, 1996).

Forouzan & Fegan (2003) e McNamara & Romkey (1996) indicaram que todo o tráfego de dados é acessível a qualquer nó na área coberta por uma rede local. A filtragem e o encaminhamento são efectuados entre áreas utilizando gateways, pontes e outros dispositivos. São necessários adaptadores entre as redes locais e os equipamentos terminais de dados (Forouzan & Fegan, 2003; Fortier & Desrochers, 1990; Goldman & Rawles, 2000; McNamara & Romkey, 1996). Um exemplo destes adaptadores é a NIU (Network Interface Unit). Esta unidade efectua conversões lógicas e físicas. As redes locais são famosas por várias razões. Em primeiro lugar, cada rede local é muito flexível. Em segundo lugar, são relativamente económicas. A flexibilidade advém do seu controlo distribuído intrínseco. A fase de decisão ativa ocorre em adaptadores individuais (Forouzan & Fegan, 2003; McNamara & Romkey, 1996; Savage & Vogel, 2013).

Os novos adaptadores podem ser activados ou anulados na rede e os antigos adaptadores podem ser desactivados ou eliminados sem causar alterações significativas na inteligência global que controla a rede local. As flexibilidades dinâmicas são muito úteis em ambientes onde os DTE podem ser introduzidos e adicionados à rede local, ou removidos voluntária ou acidentalmente sem coordenação ou notificação a uma autoridade primária (Fortier & Desrochers, 1990; McNamara & Romkey, 1996; Savage & Vogel, 2013). No entanto, alguns processos de acreditação e certificação relacionados com a segurança exigem a notificação e aprovação das autoridades principais para todas as alterações que afectem a configuração da rede (Forouzan & Fegan, 2003; Fortier & Desrochers, 1990; Goldman & Rawles, 2000; McNamara & Romkey, 1996).

As redes de área alargada (WAN) referem-se à cobertura de uma grande área, como a rede de telecomunicações que ligará as fronteiras de metrópoles, regiões e nações, utilizando redes de transporte privadas ou públicas.

As empresas e as organizações federais utilizarão as redes de área alargada para retransmitir dados entre empregados, clientes, compradores ou mesmo fornecedores localizados em diferentes áreas geográficas. Este tipo de telecomunicações permitirá que as empresas realizem as suas tarefas quotidianas de forma eficiente, independentemente da sua localização. A Internet também será vista como uma rede de área alargada a ser utilizada por empresas, governos, entidades ou mesmo indivíduos para qualquer fim concebível (Groth & Skandler, 2009). De acordo com Groth e Skandler (2009), a conceção da WAN tem em conta a necessidade de procedimentos de partilha de dados que serão aplicáveis para obter uma combinação de qualidade dos diferentes factores de entrada para entidades que operam em qualquer tipo de configuração económica, que necessitarão dos resultados de outras organizações como factores de entrada nos processos de produção.

A necessidade de tratar perfeitamente estes elementos de dados relacionados não será tida em conta na conceção do sistema. A grande cobertura da rede facilita a avaliação dos factos que serão úteis na conceção. Os avanços tecnológicos que existem atualmente no mundo das telecomunicações influenciam muito a forma como estes sistemas de qualidade devem ser concebidos de forma eficaz. A combinação processual dos diferentes aspectos no âmbito de uma adesão bem sucedida aos procedimentos implementados não afectará o funcionamento da rede de área alargada, uma vez que estes elementos de conceção terão sido tidos em conta durante a fase de planeamento (Groth & Skandler, 2009). A implementação de uma WAN deste tipo requer um procedimento bem planeado para encontrar os componentes certos que serão investidos na conclusão de todo o modelo.

É importante notar que os factores que não foram adequadamente utilizados na conceção de uma rede de área alargada não serão úteis quando se tratar de aplicar o sistema na vida real para benefício de todas as entidades da rede. O processamento de dados será rápido porque as informações das diferentes entidades da rede serão processadas de forma eficiente. A necessidade da WAN está centrada no facto de se esperar que estas entidades que operam em qualquer estrutura económica beneficiem todos. As necessidades de dados dos vários pontos serão utilizadas para determinar os elementos-chave que permitirão gerir eficazmente a WAN para que esta seja um sucesso. O tipo de software necessário para garantir o êxito do sistema deve ser da melhor qualidade, uma vez que qualquer falha na transferência de dados de um ponto para outro afectará a conetividade global durante longos períodos de tempo. Os factores de integração de dados terão de ser cuidadosamente avaliados antes de serem introduzidos no sistema para garantir um ajuste bem sucedido da forma como podem ser utilizados para garantir o sucesso total do sistema (Groth & Skandler, 2009).

O aperfeiçoamento da implementação da rede de área alargada deve ser de alta qualidade, uma vez que está ligado à ideia de manter uma utilização bem sucedida. A utilização sistemática do sistema passa por uma análise exaustiva das necessidades de dados de todas as instalações interligadas. As restantes instalações que serão aplicáveis para determinar o funcionamento eficiente dos vários componentes do sistema também devem ser tidas em conta na fase de conceção. A eficiência e o sucesso de uma rede de área alargada dependem da arquitetura utilizada ao longo do processo de manutenção da qualidade do sistema. Os avanços tecnológicos também têm sido um fator importante na avaliação dos principais componentes da WAN (Groth & Skandler, 2009). A cooperação das várias entidades consideradas como partilhando dados para os diferentes domínios funcionais é assim mantida para benefício mútuo de todos. Será também necessário garantir que as alterações pós-implementação não afectam o funcionamento da rede alargada.

De acordo com Ferrari & Verma (1989) e Stallings (2000), as WAN são optimizadas para eliminar as falhas que podem estar associadas à transferência de pacotes de dados em sistemas WAN partilhados. São amplamente utilizadas várias técnicas para conseguir a otimização. Estas incluem a falsificação de protocolos, a duplicação, a limitação simples da taxa de transferência, a equalização, a compressão, a modelação do tráfego, os limites de ligação e a cache. O processo de duplicação envia referências de dados reais, evitando assim a redundância de dados. A compressão é utilizada quando o objetivo principal é apresentar modelos de dados de forma eficiente. O armazenamento em cache é utilizado quando é necessário reduzir a largura de banda. Foi demonstrado que o armazenamento em cache pode reduzir a largura de banda em 30%. O spoofing é utilizado quando é necessário agrupar muitos pedidos num único pacote. O traffic shaping é utilizado para controlar a extensão do processamento de dados e para monitorizar e orientar o tráfego de dados. O envio de dados de acordo com a prioridade é designado por equalização. Os limites simples de débito restringem os clientes a obter os dados que foram atribuídos para sua utilização (Ferrari & Verma, 1989; Stallings, 2000).

No seu trabalho, Rogers (2009) argumenta que os sistemas construídos com base em arquitecturas de computação em nuvem são geralmente muito mais fáceis de gerir do que os seus homólogos monolíticos. As duas principais caraterísticas das bases arquitectónicas da computação em nuvem são conhecidas como "front-end" e "back-end". O front-end é o que pode ser facilmente acedido pelo cliente ou pela pessoa que utiliza o computador (McCarthy, 2011). Inclui a rede e as aplicações que são utilizadas sob a forma de uma interface Web ou de um navegador pelo cliente. Por outro lado, a arquitetura back-end da estrutura de computação em nuvem inclui a própria nuvem. Constitui os diferentes mecanismos e operações técnicas utilizados para a execução de toda a operação. Estende-se aos diferentes sistemas informáticos, servidores e outros dispositivos de armazenamento de dados pertinentes (Sosinsky, 2011).

De acordo com Sannella (1994), o cliente é uma parte crucial de toda a primeira camada. Inicialmente, envolve a ligação à segurança da base de dados e, posteriormente, à Wide Area Network (WAN) e à Local Area Network (LAN). Na terminologia tecnológica, o termo "cliente" pode ter um significado e um contexto completamente diferentes (Sannnella, 1994). No processo de computação em nuvem, um cliente de nuvem inclui o mecanismo de hardware ou software que depende do processo de computação em nuvem para a entrega da aplicação adequada. Pode também incluir o fornecimento de processos e conhecimentos especializados especificamente concebidos para os serviços de computação em nuvem. Os telefones, certos tipos de sistemas informáticos, sistemas operativos e navegadores Web (Johnson & Onwuegbuzie, 2004) são alguns exemplos de clientes de computação em nuvem.

A computação em nuvem está dividida em três secções:

Aplicação, Armazenamento e Conectividade. Cada componente funcionará de forma diferente para oferecer produtos diferentes a empresas e indivíduos em todo o mundo. Quer a referência à infraestrutura seja feita sob a forma de um serviço (IaaS), de uma plataforma (PaaS) ou de aplicações (SaaS), a computação em nuvem conduzirá a divisões nas TI (ITA, 1998). Conduz a uma divisão do trabalho que muitas indústrias estão a enfrentar. Várias empresas estão conscientes das questões associadas à computação em nuvem, por exemplo, quem é responsável por que aspectos da segurança dos dados e das aplicações e quais as áreas que merecem um exame minucioso e a externalização. No entanto, a questão de quem pode aceder aos dados da empresa coloca-se, como a Microsoft ilustrou claramente este verão, quando declarou as suas obrigações ao abrigo do Patriot Act dos EUA para fornecer ferramentas adequadas para intercetar ameaças terroristas (Kaeo, 2004).

De facto, a questão da segurança na nuvem pode ser resumida numa equação com quatro variáveis: tecnologia e controlos de segurança, restrições legais e contratuais, modelo de implantação e divisão do trabalho e, por fim, processo de aquisição e seguro. Cada uma destas variáveis varia consoante o tipo de modelo de nuvem escolhido: IaaS, PaaS e SaaS, e as medidas de implantação: pública ou privada. Na maioria dos casos, estes modelos são úteis em aplicações de colaboração empresarial, de gestão de sistemas de informação e de gestão de recursos humanos. O estudo mostra que a sua aplicação generalizada apresenta menos riscos, com apenas 10% dos inquiridos a terem dúvidas, em comparação com 63% dos apoiantes.

CAPÍTULO 4
BENEFÍCIOS DA COMPUTAÇÃO EM NUVEM

Devido a uma série de benefícios, como a mobilidade, a redução do custo de propriedade, a flexibilidade de instalação e a escalabilidade, a utilização da computação em nuvem é vista como o caminho do futuro. A LAN/WAN tem sido amplamente aplicada em vários sectores, incluindo a educação, as empresas, os cuidados de saúde, as finanças, o armazenamento e a indústria transformadora (Bowman, Debray & Peterson, 1993).

Uma das principais vantagens é o facto de as organizações não terem de suportar as despesas iniciais de criação da infraestrutura de TI. Em segundo lugar, o tempo de implementação de aplicações empresariais distribuídas é comparativamente mais rápido do que os métodos convencionais (Gillam, 2010).

No caso de uma pequena instituição de microfinanças em fase de arranque que necessite de criar as suas próprias infra-estruturas e sistemas informáticos, é tradicionalmente necessário adquirir servidores potentes para alojar os seus sistemas. Os servidores de alto desempenho que podem ser utilizados para fornecer serviços eficientes num cenário deste tipo são excecionalmente caros (Brooks, 2009). A criação de um parque de servidores para a organização e a implantação das aplicações necessárias seria um processo moroso. No entanto, com a computação em nuvem, essa instituição não precisaria de comprar máquinas servidoras, uma vez que os sistemas necessários seriam rapidamente implantados nos servidores do fornecedor de nuvem, poupando à organização os custos iniciais de aquisição da infraestrutura de TI e dos serviços associados (Kaufman, 2009).

Desta forma, uma infraestrutura centralizada garante simultaneamente uma redução dos custos de investimento e uma racionalização da proteção dos dados. Os modelos baseados na nuvem são susceptíveis de alterar o modelo de consumo de tecnologia e de aumentar a agilidade das empresas, disponibilizando as infra-estruturas a pedido e a pedido, e cobrando os serviços através de modelos baseados na utilidade (Gillam, 2010).

Lorido-Botran et al (2012) afirmam que a principal caraterística da computação em nuvem é a elasticidade. A elasticidade tem algumas desvantagens, mas também confere muitas vantagens.

Permite a aquisição e a libertação dinâmicas de recursos

pelos utilizadores, de acordo com as suas diferentes exigências. Os investigadores afirmam que não é fácil decidir sobre a quantidade ou o nível adequados. É essencial que os recursos sejam adaptados à aplicação em causa (Lim, et al., 2010). O aprovisionamento é uma preocupação crucial nos compromissos de computação em nuvem. Muitas aplicações baseadas na Web enfrentam cargas elevadas que flutuam constantemente. Em situações previsíveis, todos os recursos disponíveis podem ser aprovisionados antecipadamente utilizando técnicas de planeamento da capacidade (Lorido-Botran, et al., 2012).

Na realidade, a construção de uma plataforma ideal é extremamente dispendiosa. Todo o projeto é normalmente orçamentado e calculado em termos de servidores, equipamento de rede, energia de reserva e conetividade redundante de alta velocidade. Normalmente, a junção de tudo isto na maioria dos projectos de desenvolvimento não resulta necessariamente no sucesso que merece. É por isso que é essencial alterar a ordem de prioridade das estratégias e dos objectivos. As vantagens da computação em nuvem entrarão então automaticamente em ação (Boran, 2003). De acordo com Tavel (2007), a tecnologia de computação em nuvem e a sua subsequente relação com os componentes LAN e WAN envolvem economias de escala que servem como um investimento no estabelecimento de um ambiente de computação em nuvem. Este último pode ser utilizado para o desenvolvimento de vários projectos (Tavel, 2007).

Uma das principais vantagens deste contexto é que, se um único projeto não atingir o objetivo para o qual foi concebido e desenvolvido, a tecnologia estabelecida sob a forma de computação em nuvem pode ser utilizada para amortizar outros projectos que serão realizados para o desenvolvimento de outros projectos pela organização. O princípio e a aplicação das economias de escala também podem ser aplicados a diferentes tarefas de computação em nuvem relacionadas com as TI. De acordo com King (2008), a utilização de cópias de segurança numa aplicação informática, num ambiente autónomo, exige a gestão e a programação do processo de criação de cópias de segurança por profissionais de TI. Por outro lado, os mesmos princípios aplicam-se ao processo de computação em nuvem, mas o processo de cópia de segurança é geralmente gerido por meios altamente automatizados (Gillam, 2010). Ao mesmo tempo, o perito em TI pode supervisionar e controlar as cópias de segurança de centenas e milhares de clientes. Consequentemente, a combinação das várias vantagens oferecidas pela computação em nuvem irá incorporar uma revolução transformacional no sector do desenvolvimento tecnológico e a sua subsequente implementação em vários contextos tecnológicos. A eficiência, a fiabilidade e a segurança do armazenamento de dados aumentarão sem contradição (Armbrust et al., 2009).

Outra vantagem da computação em nuvem é a especialização. Com a ajuda da especialização proporcionada pelas bases de dados de computação em nuvem, é utilizada uma grande quantidade de conhecimentos para construir e operar sistemas que podem funcionar e abordar as questões cruciais e vitais da segurança, escalabilidade e manutenção da plataforma.

No modelo tradicional, cada um destes passos tinha de ser efectuado por um perito especializado e competente em cada uma destas áreas, mas com o advento da tecnologia de computação em nuvem, estas tarefas foram consideravelmente simplificadas.

A tecnologia de computação em nuvem permite-nos utilizar a experiência e os serviços de especialistas em TI que são partilhados entre vários clientes. Em vez de empregar um único empregado capaz de realizar todas estas tarefas, a computação em nuvem permite que uma empresa empregue pessoas com competências em diferentes áreas. Isto permite contratar pessoal adicional que pode, por sua vez, ser remunerado, e as despesas podem ser distribuídas por um maior número de clientes.

O ITA (1998), na sua investigação, referiu as vantagens da especialização oferecida pela computação em nuvem. A variedade e o leque de clientes que se aproximam da computação em nuvem e que utilizam os serviços que ela oferece permitem obter uma série de benefícios diferentes.

A realidade é que a construção de uma plataforma ideal é muito dispendiosa. O orçamento e os cálculos para todo o projeto incluem servidores, equipamento de rede, energia de reserva e conetividade redundante de alta velocidade, para não mencionar o facto de que a maioria dos projectos de desenvolvimento realizados nesta altura não têm necessariamente o destaque que merecem. É importante alterar a ordem de prioridade das estratégias e objectivos de uma empresa, e é exatamente aí que entram os benefícios do cloud computing.

Tavel (2007) afirmou que a tecnologia de computação em nuvem e a consequente relação com os componentes LAN e WAN permitem economias de escala, uma vez que o investimento feito na criação de um sistema de computação em nuvem pode ser utilizado para o desenvolvimento de um grande número de projectos diferentes e variados.

Outra vantagem deste conceito global é que, se um único projeto não for rentável em relação ao investimento previsto, a tecnologia estabelecida sob a forma de computação em nuvem pode ser utilizada para amortizar outros projectos que serão realizados com vista ao desenvolvimento posterior de projectos pela organização. O princípio e a aplicação das economias de escala também podem ser aplicados a várias tarefas relacionadas com as TI.

CAPÍTULO 5
DESVANTAGENS DA COMPUTAÇÃO EM NUVEM

O domínio da computação em nuvem enfrenta uma série de ameaças à segurança. Em primeiro lugar, a comunicação de dados através de smartphones está associada a uma série de violações de segurança, apesar da maior acessibilidade da informação que lhes está associada. Em segundo lugar, o avanço tecnológico no sentido do desenvolvimento de ferramentas de gestão da identidade e do acesso constituiu um sério desafio, sobretudo quando a computação em nuvem está integrada numa VPN e a sincronização de dados entre o anfitrião da nuvem e o centro de dados da empresa é mínima (Armbrust et al., 2009). Foram inventadas soluções para combater as ameaças, mas revelaram-se ineficazes para lidar com a mistura de componentes antigos da nuvem e do ambiente. Em terceiro lugar, o incumprimento das normas PCI e de outras normas teve um impacto negativo na gestão dos dados e das aplicações na nuvem (Chen, Paxson e Katz, 2010).

O quarto fator é que a utilização crescente de sítios sociais multifacetados foi afetada pela aplicação da segurança do CNS, que permite o acesso a sítios como o

Facebook, mas bloqueia actividades específicas, como publicar ou jogar no . O CNS está, por conseguinte, equipado com controlos granulares que permitem o envio e a receção de mensagens de correio eletrónico, mas restringem os anexos (Boran, 2003). O quinto fator é o software malicioso e a pirataria, cujo número de ataques também está a aumentar; a solução tem sido, desde há muito, a filtragem de conteúdos. Além disso, estão em curso novos desenvolvimentos para proporcionar uma proteção eficaz através da implantação de filtragem CPE em determinados sítios. A abordagem mais recente é a instalação de serviços de segurança IPS baseados na nuvem e de uma firewall baseada na nuvem. Algumas destas tendências podem ser classificadas como problemas antigos que exigem novas soluções. Por exemplo, é necessário abordar a computação de servidores, o suporte de aplicações de sítios Web, as aplicações de rede intensivas, os perfis de aplicações, as aplicações de videoconferência e multimédia, bem como explicar como cada tecnologia é utilizada (Sosinsky, 2011).

Embora na maioria dos casos as vantagens superem as desvantagens da computação em nuvem, há algumas questões a considerar. Apesar da eficiência, da adequação e dos benefícios em termos de custos da WAN/LAN, as ondas de rádio utilizadas nesta rede sem fios como parte da computação em nuvem criam um risco, uma vez que a rede é suscetível de ser invadida por hackers (Cleveland, 2009). Estas ameaças de pirataria informática incluem a falsificação, a negação de serviço e a escuta.

Num ambiente de computação em nuvem, os utilizadores finais não sabem nem a localização dos seus dados nem a origem dos dados armazenados coletivamente com as suas informações (Armbrust et al., 2009). Os dados armazenados em instalações de computação em nuvem vão desde dados públicos que não requerem muita segurança até informações altamente confidenciais que exigem medidas adicionais para garantir a sua segurança. O facto de os serviços de computação em nuvem serem fornecidos através da Internet significa que os problemas de segurança encontrados na Internet são alargados (Brooks, 2009). A crescente adoção da computação em nuvem é acompanhada por incidentes de segurança cada vez mais frequentes (Kaufman, 2009). A maior parte destes problemas de segurança continuam a ser falhas de segurança bem estabelecidas, como a perda de dados, os anfitriões comprometidos, o phishing, os sniffers de pacotes, o tempo de inatividade e as fragilidades das palavras-passe (Chen, Paxson,

& Katz, 2010). Estas ameaças são baseadas na Internet e a computação em nuvem, que utiliza a Internet para prestar serviços, herda as mesmas ameaças. O incidente de phishing no Twitter, em 2009, é um exemplo perfeito de um problema de segurança convencional que a computação em nuvem está agora a enfrentar, enquanto o incidente da Amazon botnet é um exemplo típico de como a Internet pode ser hostil (MacVittie, 2009). Pode, portanto, resumir-se que o principal desafio da computação em nuvem é a fiabilidade, o desempenho e a segurança das redes para a infraestrutura da nuvem. Devido à procura crescente de largura de banda e à complexidade das aplicações de software, é provável que estas ligações WAN/LAN se tornem cada vez mais congestionadas ao longo do tempo, o que aumentará as ameaças à segurança, em especial quando se limitam ao fornecimento de computação centrada na computação em nuvem. Esta tendência também resultará num aumento do tráfego e do congestionamento. O congestionamento no ambiente de computação em nuvem pode não ser facilmente detectado em muitos casos, já que aproximadamente 31% dos custos de comunicação das empresas são consumidos pelas WANs (Sosinsky, 2011).

Tradicionalmente, os ambientes LAN/WAN têm sido

mais susceptíveis a ciberataques do que as VPN (Boran, 2003). As WANs dependem fortemente do conjunto TCP/IP, cujos protocolos apresentam uma série de vulnerabilidades e falhas de segurança. Estas fragilidades criam brechas através das quais os atacantes lançam uma variedade de ciberataques, como ataques de negação de serviço (DOS) e roubo de dados através do sequestro de ligações. Os principais problemas de segurança associados aos protocolos TCP/IP são os seguintes: Inundação SYN, falsificação de endereços IP e ataques de roteamento e DNS. Estas vulnerabilidades de segurança associadas às LAN/WAN tornam-nas ineficazes em comparação com outras opções, como a VPN. Esta investigação destacou o impacto das LAN/WAN e o seu impacto na segurança num ambiente de computação em nuvem (Tavel, 2007).

A investigação atualmente em curso no domínio da segurança sem fios visa impedir que quaisquer atacantes em locais MAC sequestrem sessões ON. Isto irá controlar as limitações associadas à incapacidade do 802.11 de solicitar um ponto de acesso. Mais uma vez, esta abordagem reforçará a mão dos atacantes no caso de se mascararem como pontos de acesso reais. Isto assegurará a existência de medidas de controlo de acesso e métodos de autenticação adequados para

travar a atividade maliciosa (Boran, 2003). Nalguns casos, como a escuta, a rede pode ser atacada para garantir a confidencialidade dos dados disponíveis transmitidos através das redes. Naturalmente, as redes em nuvem transmitem intencionalmente o tráfego no espaço, dificultando a determinação de quem pode receber os sinais da rede. Consequentemente, é difícil implementar medidas para intercetar a transmissão de informações através de transferências sem fios a partir de uma rede sem fios.
São adoptadas medidas para garantir a manutenção da confidencialidade (Bowman et al., 1993).

Muitas empresas com necessidades informáticas muito variadas necessitam da computação em nuvem para manter uma potência informática dispendiosa. As organizações utilizam as TI para actividades de processamento de transacções altamente distribuídas. O alojamento destas aplicações na nuvem liga os recursos ao centro de dados da empresa e garante a acessibilidade dos dados. A proteção de informações sensíveis nas bases de dados distribuídas das empresas é ineficaz. A adoção de arquitecturas de virtualização e de computação em nuvem permite reduzir a complexidade e garantir uma segurança adequada dos dados (Gillam, 2010). A utilização de soluções de software é a única forma de garantir a segurança das bases de dados em máquinas virtuais, independentemente dos efeitos das novas arquitecturas. A implementação de soluções baseadas no anfitrião sem os inconvenientes associados à versão antiga é bastante problemática devido aos problemas de implementação intrusiva, desempenho e rápida adaptação ao ambiente em mudança, como as novas versões do sistema operativo e as novas versões das aplicações (Bowman et al., 1993).

A incapacidade de melhorar o desempenho pode resultar em latência e tráfego típicos das ligações LAN/WAN. Nalguns casos, isto pode fazer com que as redes remotas deixem de funcionar para a computação em nuvem. Além disso, quando as redes remotas dependem da resposta, as ligações sem fios optimizadas nos pontos terminais são cruciais para evitar que as aplicações corrompam os dados, falhem e até frustrem os assinantes da computação em nuvem em locais remotos (Boran, 2003). Algumas aplicações, como as aplicações de servidores virtualizados, o vídeo e o software como serviço (SaaS) que são executados na nuvem, requerem normalmente mais largura de banda do que os registos tradicionais de bases de dados e os ficheiros de dados de texto em ligações LAN/WAN normais. Por conseguinte, esta questão da segurança da computação em nuvem e dos esquemas de otimização da LAN/WAN tem de ser tratada a partir de múltiplas abordagens, por oposição a avaliações unidimensionais. As áreas de avaliação incluem o desempenho da rede e a segurança dos dados de ponta a ponta (Tavel, 2007). As empresas que dependem de secções de redes em nuvem para um determinado limite ou mesmo para toda a sua conetividade de Internet LAN/WAN para o ambiente em nuvem precisam de se preocupar com o risco de expor os seus dados a ameaças de segurança. As preocupações legais e regulamentares podem também ditar que estas ligações públicas sejam imunes a roubos, ataques externos, pirataria informática e intrusão. Em qualquer caso, a otimização das LAN/WAN sem uma segurança reforçada não pode ser considerada uma resolução empresarial prudente (King, 2008).

Dado o número de diferentes produtos de virtualização que podem ser implementados mutuamente em vários locais, poucas empresas têm conhecimento de todos os seus ambientes de virtualização. Isto pode levar os administradores a saltar de consola em consola em busca de recursos virtuais. O resultado são conflitos inevitáveis sobre os recursos. No entanto, em alguns casos, uma escassez crítica de recursos é identificada depois de as aplicações terem solicitado ligações, altura em que é demasiado tarde para adicionar dispositivos físicos adicionais. O resultado é uma queda no desempenho da computação em nuvem para as aplicações em causa, à medida que os recursos diminuem. Por conseguinte, é necessário monitorizar a virtualização global através das nuvens para garantir a integridade das aplicações e promover os acordos de nível de serviço (SLA) (Kyriazis, 2010).

Foi sugerido que a computação em nuvem acelerou a recessão, uma vez que a sua utilização exige um capital mínimo e reduz o risco. A agilidade do CIO é mais importante do que o preço, em particular a capacidade de escalar, quer o poder de computação e a funcionalidade do fluxo de trabalho, quer a medida em que desapareceria, a necessidade de a economia se mover em direção ao "W" ou double dip. Não devem implicar infra-estruturas, recursos e custos desnecessários nos balanços (Brooks, 2009). A virtualização da rede de computação em nuvem permite a realização de um grande número de eventos em comparação com as múltiplas ligações existentes nas WAN privadas e em qualquer outra ligação WAN, como cabo, DSL, metro Ethernet, fibra ou mesmo WiMax/WiFi. Isso permite que as empresas construam sistemas com conexões simultâneas, com menor custo, maior largura de banda, menores despesas gerais e menores despesas operacionais (ITA, 1998).

Quando se trabalha com a computação em nuvem, a sua elasticidade é rápida porque as suas capacidades parecem infinitas do ponto de vista do utilizador. Como serviço, é medido, permitindo modelos de negócio de pagamento por utilização. Apesar destes pontos fortes, Fern'andez, Peralta, Herrera e Ben'itez (2012) argumentam que a computação em nuvem tem pontos fracos que devem ser considerados. Argumentam que, uma vez que os dados são distribuídos por vários servidores diferentes e os utilizadores não têm qualquer controlo sobre eles, o hardware que contém os dados codificados deve ser gerido utilizando métodos eficazes e robustos (Furht & Escalante, 2011; Rannenberg, 2010). A confiança dos utilizadores pode ser diminuída pela abordagem da distribuição dos dados e pela sua incapacidade de os controlar. Para aumentar a confiança, é necessário efetuar uma série de auditorias e certificações de segurança (Fern'andez, et al., 2012).

Os serviços de computação em nuvem estão por vezes inacessíveis, indisponíveis ou com falhas. Para garantir que os serviços não falham, são tolerantes a falhas e podem ser facilmente restaurados, devem ser utilizados sistemas redundantes. Além disso, deve ser evitado o excesso de tráfego de rede (Fern'andez, et al., 2012; Furht & Escalante, 2011; Rannenberg, 2010). Outro desafio comum é o facto de as exigências dos utilizadores relacionadas com as TI estarem em constante mudança. Para responder a estas exigências em mutação, os recursos necessários têm de ser adaptados. A gestão dos recursos deve ser baseada na inteligência (Fern'andez, et al., 2012; Furht & Escalante, 2011; Rannenberg, 2010).

Uma monitorização eficaz pode ser utilizada para caraterizar os padrões de utilização e prever as cargas, de modo a otimizar a programação. A informática está associada a uma carga eléctrica elevada. Esta carga é reduzida pela utilização de microprocessadores com baixo consumo de energia (Fern'andez, et al., 2012). Segundo Rannenberg (2010), a proveniência está atualmente disponível nas nuvens através da ligação entre as auditorias e os dados de auditoria que são recolhidos de vários recursos com o objetivo de fornecer um histórico completo de eventos ou resultados. O autor afirma que os sistemas de proveniência criados propositadamente não são substituíveis e que, neste aspeto, são comparáveis aos sistemas de proveniência existentes nos sistemas de grelha (Furht & Escalante, 2011; Rannenberg, 2010).

Buyya et al (2009) argumentam que as aplicações populares da Web 2.0, como o My Space e o Facebook, se tornaram recentemente populares. Isto deve-se ao facto de estas aplicações serem sítios vitais de partilha de conteúdos para milhões de assinantes, com interações e acessos dinâmicos que não podem ser facilmente previstos. Além disso, as caraterísticas destas aplicações são dinâmicas, no sentido em que podem ser facilmente criados novos plugins por programadores autónomos, que são depois adicionados ao sistema e utilizados por outros assinantes (Bryman, 2008). Uma das ameaças à segurança neste contexto de computação são, por conseguinte, os picos de carga sempre que uma nova funcionalidade de uma aplicação se torna popular ou quando são instaladas aplicações plug-in. Como a computação em nuvem está amplamente distribuída à escala mundial, os picos de carga podem ocorrer em qualquer lugar e a qualquer momento. Nayak e Nassir (2012) argumentam que uma solução para este desafio de mudanças geográficas e sazonais imprevistas nos picos de carga pode ser fornecida pelo escalonamento automático, de modo a que o consumo de recursos e os sistemas de qualidade de serviço (QoS) possam continuar a ser primordiais devido aos desafios de sobrecarga do sistema (Nayak e Yassir, 2012).

Outro problema de segurança que pode ser encontrado devido à dinâmica em mudança dos sítios sociais é a integração e autenticação de fornecedores de nuvem. Por exemplo, os sítios sociais são construídos com base em competências Web de vários níveis que consistem em servidores como o WebSphere da IBM e camadas de persistência que incluem bases de dados MySQL. O problema que contribui para os problemas de segurança destas aplicações é que cada um dos componentes é executado numa máquina virtual diferente (ITA, 1998). Estas podem ser alojadas em centros de dados que também são alojados por vários fornecedores de serviços em nuvem. Cada programador de plugins pode potencialmente escolher qualquer um dos ambientes de computação em nuvem que forneça serviços adequados para executar os plugins que concebeu.

Como resultado, uma aplicação social típica é criada em mais de uma centena de serviços diferentes que também podem estar alojados em milhares de centros de dados de computação em nuvem em todo o mundo. Assim, no caso de cargas de trabalho intensivas em termos de tempo, as aplicações Web sociais têm de ser reduzidas para fornecer serviços de maior qualidade e maior segurança aos seus utilizadores (Brooks, 2009).

Ao analisar as ligações entre a computação em nuvem, por um lado, e a Web 2.0, por outro, vários artigos argumentam que existem diferenças claras entre estas duas áreas (Jamil, n.d.; UNESCO, 2010). De acordo com a UNESCO (2010), alguns formadores assumem erradamente que todos os serviços prestados através de recursos da Internet que não estão localizados numa instituição constituem computação em nuvem. Além disso, há muito que existe incerteza sobre o que constitui efetivamente a computação e o que constitui a Web 2.0 (Jamil, n.d.; UNESCO, 2010).

No que respeita ao termo "computação em nuvem", há alguma controvérsia quanto à verdadeira importância da Web 2.0. Os marcadores sociais, os blogues e os wikis são geralmente considerados aplicações Web 2.0. Permitem que os utilizadores modifiquem o conteúdo das páginas Web e interajam uns com os outros. Estas aplicações são facilmente alojadas pelas próprias instituições e são também facilmente acessíveis através dos recursos da Internet. Podem ou não ser disponibilizadas a partir de nuvens, que têm caraterísticas como o pagamento por utilização e a rápida elasticidade (Jamil, n.d.; Lim, et al., 2010; UNESCO, 2010).

De um modo geral, a UNESCO (2010) indica que a Web 2.0 deve ser considerada como um tipo particular de aplicação. Por outro lado, a computação em nuvem deve ser considerada como uma metodologia na qual os dados e várias aplicações são entregues e alojados (UNESCO, 2010). Jamil (n.d) explica que, recentemente, um dos temas mais falados nos círculos da Internet é a Web 2.0. Segundo ele, trata-se de uma tecnologia ou aplicação Web vagamente descrita, ou ambas, que normalmente é executada em servidores de sítios Web. Permite que os sítios Web ofereçam experiências altamente interactivas e sensíveis ao browser. De todos os servidores disponíveis, não existem servidores para a Web 2.0 como aplicação. A aplicação não tem qualquer especificação ou interface de programação de aplicações (API). Jamil (n.d) afirma que a Web 2.0 é um termo confuso utilizado pelos profissionais de marketing para descrever complementos aos tipos clássicos de sítios Web de carregamento e atualização. Todos os pedidos são seguidos de um recarregamento das páginas dos servidores disponíveis, tornando os sítios muito mais fluidos e interactivos (Jamil, n.d).

CAPÍTULO 6
SEGURANÇA DA COMPUTAÇÃO EM NUVEM

Para além da literatura teórica observada sobre as teorias atualmente relacionadas com a computação em nuvem, importa agora compreender o desenvolvimento de um quadro concetual sobre a aplicação da computação em nuvem à segurança das bases de dados e o seu impacto nas redes de área alargada (WAN) e nas redes de área local (LAN). Assim, é importante ter em consideração a informação relativa a este domínio.

As questões de segurança na computação em nuvem são sistematizadas em muitas categorias de largo espetro, como a identidade, a confiança, a proteção de dados, a arquitetura, o isolamento do software, a gestão da identidade e a disponibilidade (Boran, 2003). No entanto, dado que a computação em nuvem emergiu, em grande medida, de uma consolidação de tecnologias, incluindo serviços orientados para a arquitetura, Web 2.0, virtualização e computação utilitária, uma série de questões de segurança associadas à computação em nuvem podem ser vistas como problemas identificados que são atualmente percebidos de forma diferente (Brooks, 2009).
A segurança tem sido uma preocupação desde os primórdios da informática, quando um computador estava isolado numa sala e

uma ameaça só podia ser representada por pessoas mal-intencionadas. Uma massa de ameaças surgiu claramente no endereço e expandiu-se visivelmente quando os computadores passaram a poder comunicar entre si. Num mundo interligado, várias formas de malware podem facilmente migrar de um sistema para outro, atravessar fronteiras nacionais e infetar sistemas em todo o mundo. A segurança dos sistemas de TI e de comunicações está a tornar-se ainda mais urgente à medida que a sociedade se torna cada vez mais dependente da infraestrutura de informação. Mesmo as infra-estruturas críticas de um país podem ser atacadas através da exploração de vulnerabilidades na sua segurança informática. O software malicioso, como o vírus Stuxnet, visa sistemas de controlo industrial controlados por software (Chen & Abu-Nimeh, 2011). Recentemente, o termo "guerra cibernética" entrou no dicionário, significando "acções de um Estado-nação para penetrar nos computadores ou redes de outra nação com o objetivo de causar danos ou perturbações" (Clarke & Knake, 2012).

Dado que mesmo as redes aparentemente seguras continuaram a sofrer violações de dados sensíveis nos últimos anos, as empresas começaram a considerar a possibilidade de fornecer outra camada de segurança para proteger a sua infraestrutura interna. Isto implica a criação de uma rede de segurança em caso de violação da rede ou a proteção contra pessoas mal-intencionadas dentro da empresa. Antes da computação em nuvem, não era prática comum monitorizar as bases de dados. Por uma série de razões, incluindo a prevalência de violações de bases de dados e a necessidade de regulamentos mais rigorosos sobre a prevenção e notificação de violações, os clientes estão agora a dedicar mais tempo e esforço à proteção das suas bases de dados. Não é surpreendente que, quando os especialistas em segurança de TI se depararam pela primeira vez com o desafio de proteger as bases de dados, tenham procurado as mesmas soluções utilizadas para proteger o seu outro ativo, o dispositivo de rede. De facto, alguns fornecedores foram rápidos a desenvolver aparelhos que controlavam a rede e os protocolos, tornando possível controlar e proteger o acesso à base de dados numa rede. Inicialmente, as empresas estavam relutantes em abdicar da falta de visibilidade sobre as transacções da base de dados no local, bem como sobre o servidor da base de dados em . Posteriormente, devido ao elevado potencial de danos que poderiam ser causados em máquinas locais, tornou-se claro para as empresas que precisavam de compreender plenamente as ameaças à sua base de dados e que era necessário monitorizar a base de dados local e os ataques internos.

Nesta altura, os fornecedores de dispositivos são forçados a adicionar representantes locais para resolver este problema, pelo que muitas das soluções de rede actuais se baseiam num dispositivo de rede híbrido e numa solução baseada no anfitrião. Na maioria dos casos, estes dispositivos enviam o tráfego local de volta para a análise, e cada transação, que foi originalmente executada nos dispositivos de rede local, é medida em relação à política. Esta abordagem híbrida não é ideal, mas desde que a maioria das aplicações seja executada localmente em dispositivos de rede, algumas empresas estão preparadas para aceitar o risco. Esta solução híbrida perde muitas vantagens em relação a uma solução puramente baseada na rede ao introduzir requisitos muito mais complexos, como a implementação do Master Installer, que exige que o servidor da base de dados seja reiniciado. Como mencionado acima, ainda não protege contra ataques que ocorrem dentro da própria base de dados, com base em procedimentos armazenados, gatilhos e visualizações. Mais importante ainda, estas soluções também não abordam várias questões técnicas fundamentais num ambiente virtualizado.

A computação em nuvem é um ambiente rico em alvos para indivíduos mal-intencionados e organizações criminosas. Não é, pois, surpreendente que a segurança seja uma das principais preocupações dos actuais e potenciais novos utilizadores de serviços de computação em nuvem. Alguns destes riscos são partilhados com outros sistemas que suportam a computação centrada na rede e os conteúdos centrados na rede, como as arquitecturas orientadas para os serviços (SOA), as grelhas e os serviços baseados na Web. A computação em nuvem é uma abordagem inteiramente nova da computação, baseada numa nova tecnologia. Por conseguinte, é razoável esperar que sejam desenvolvidos novos métodos para lidar com algumas ameaças à segurança, ao passo que outras ameaças percebidas se revelarão exageradas. De facto, no início do ciclo de vida de uma tecnologia, há muitas preocupações sobre o modo como a tecnologia será utilizada e essas preocupações representam uma barreira à aceitação ao longo do tempo, mas desaparecem, especialmente se o valor da tecnologia for suficientemente forte (Iachello & Hong, 2007).

A ideia de que a mudança para a nuvem liberta uma organização de muitas das preocupações técnicas associadas à segurança dos dados e dos computadores e elimina as ameaças internas é aceite por alguns na comunidade das TI. Empiricamente, no que diz respeito à segurança dos dados num ambiente de computação em nuvem, a externalização da computação para uma nuvem gera novas preocupações importantes em matéria de segurança e privacidade. Além disso, os acordos de nível de serviço não proporcionam uma proteção jurídica adequada aos utilizadores da computação em nuvem, que são frequentemente confrontados com acontecimentos que escapam ao seu controlo.

Uma das consequências do ritmo alucinante do desenvolvimento da ciência e tecnologia da informação é que as normas, regulamentos e leis que regem as actividades das organizações que apoiam os novos serviços de TI e, em particular, a computação utilitária, ainda não foram adoptadas. Consequentemente, muitas questões relacionadas com a LAN/WAN e a privacidade, segurança e confiança dos dados na computação em nuvem estão longe de ser resolvidas no local. O conjunto de recursos de um fornecedor de serviços em nuvem pode estar espalhado por vários países, ou mesmo por vários continentes. Como a informação pode circular livremente através das fronteiras nacionais, é necessária regulamentação internacional nos países onde estão localizados os centros de dados dos fornecedores de serviços em nuvem.

Marinescu (2012) afirma que a segurança é o principal desafio nos ambientes de computação em nuvem. Esta pesa nos esforços para construir e adquirir uma confiança apreciável de muitos utilizadores. Esta confiança é essencial para alargar o alcance e as aplicações da computação em nuvem. É irrealista supor que as nuvens públicas podem proporcionar ambientes adequados para todas as aplicações. No futuro, as nuvens privadas poderão alojar aplicações relacionadas com a gestão que sejam particularmente sensíveis. É o caso, nomeadamente, das aplicações utilizadas para gerir infra-estruturas críticas. Outras aplicações susceptíveis de serem alojadas em nuvens privadas são as aplicações em tempo real. Outras aplicações podem ser alojadas em nuvens híbridas. Estas aplicações mantêm conjuntos de dados sensíveis em nuvens privadas e utilizam nuvens públicas para tarefas de processamento. As nuvens são frequentemente afectadas por ataques e falhas de infra-estruturas maliciosas. Esses ataques e falhas têm impacto nos servidores que alojam os nomes de domínio da Internet. Reduzem a acessibilidade das nuvens ou destroem diretamente as suas configurações (Marinescu, 2012).

Um exemplo desse tipo de ataque é o que ocorreu em 15 de junho de 2004 na Akamai. Foi causado por uma falha no nome de domínio e por um grande apagão, que afectou sítios como o Yahoo e o Google, entre outros. Em 2009, os serviços da Google, como o Gmail e o Google News, foram afectados por um grande ataque de negação de serviço. Os serviços permaneceram inactivos durante vários dias. Na Amazon, em 29 e 30 de junho de 2012, um relâmpago causou um tempo de inatividade prolongado. Os relâmpagos provocaram flutuações de energia, que perturbaram a nuvem AWS oriental. A nuvem é composta por dez centros de dados distribuídos por quatro zonas de disponibilidade. Na mesma altura, várias instalações da Amazon na Virgínia foram destruídas por uma tempestade. Este facto teve um impacto negativo nas empresas e nos serviços que utilizam sistemas baseados exclusivamente na região. As empresas demoraram muito tempo a recuperar dos relâmpagos e da tempestade. Um centro, de entre dez, não conseguiu mudar para geradores para fornecer energia de reserva antes de ficar sem energia contida nas peças da UPS (Marinescu, 2012).

O AWS utiliza planos de controlo que facilitam a transição para vários recursos noutras regiões. O componente de software dos planos falhou. O processo de arranque foi defeituoso e prolongou o tempo necessário para mudar os vários serviços. O Elastic Load Balancer (ELB) tinha um bug que limitava a sua utilidade no encaminhamento do tráfego para vários servidores com capacidade existente. Outro erro atrasou a recuperação do serviço de base de dados relacional (RDS). A tempestade e os relâmpagos revelaram desafios anteriormente desconhecidos que só ocorrem em circunstâncias invulgares (Marinescu, 2012). Ford (2012) identificou vários riscos de estabilidade que surgem dos serviços interactivos. Afirma que os fornecedores de aplicações, redes e armazenamento em nuvem podem ter várias políticas em vigor, com trocas erráticas entre vários mecanismos reactivos e de equilíbrio de carga que conduzem a instabilidades significativamente dinâmicas. O acoplamento involuntário dos controladores autónomos que gerem as cargas e os elementos da infraestrutura pode causar um feedback negativo, bem como uma instabilidade comparável à do protocolo Border Gateway Protocol (BGP) da Internet no âmbito do encaminhamento baseado em políticas (Ford, 2012; Marinescu, 2012).

Algumas destas questões de segurança relativas às redes LAN/WAN de bases de dados num ambiente de computação em nuvem são exacerbadas pelo facto de o protocolo de base utilizado nas redes LAN/WAN ser o protocolo TCP/IP, que não foi concebido para uma elevada segurança. O TCP/IP não permite que o tráfego seja prioritário, o que constitui uma grande vulnerabilidade que expõe as redes a ataques de inundação. Com o TCP/IP, o tráfego de rede pode ser facilmente injetado, roubado ou desviado. Além disso, o TCP/IP oferece uma autenticação fraca, carece de confidencialidade devido à ausência de cifragem e as somas de verificação dos cabeçalhos são fáceis de enganar, uma vez que utilizam algoritmos fracos (Boran, 2003). Estas fragilidades do protocolo TCP/IP traduzem-se em riscos de segurança ainda maiores para as bases de dados num ambiente de nuvem. A segurança destas bases de dados, para além dos controlos de segurança ao nível da base de dados, depende em grande medida da segurança da rede, que é principalmente a segurança LAN/WAN. Por outro lado, a mesma questão de segurança continua a ser importante porque a prestação de serviços de bases de dados através de uma estrutura de rede expõe-nas geralmente a ataques do tipo rede. Os principais destes ataques são ataques distribuídos de negação de serviço, sniffing, roubo de identidade, escutas e injeção de código SQL (Chen et al., 2010).

A equipa de segurança e os operadores de TI têm

apresentado às organizações várias questões de segurança no domínio da gestão das redes. A vulnerabilidade da computação em nuvem via LAN/WAN é endémica, pelo que é urgente tomar as precauções necessárias para garantir a segurança adequada das bases de dados (Nichols & Lekkas, 2002). Essas precauções incluem a utilização de várias técnicas para avaliar e manter a segurança da base de dados. Estas técnicas incluem avaliações periódicas da vulnerabilidade, monitorização da base de dados, mascaramento de dados, utilização de assinaturas electrónicas e utilização de um sistema de gestão da segurança.

encriptação (McCarthy, 2011). As equipas de segurança e os profissionais de TI são responsáveis pelo desenvolvimento da base de dados e por garantir a segurança contra ameaças maliciosas. Em primeiro lugar, a desmontagem dos dispositivos de segurança requer conhecimentos e competências para eliminar qualquer possibilidade de ocorrência de ameaças à segurança.

A avaliação da vulnerabilidade dos sistemas de bases de dados é uma ferramenta essencial para avaliar os pontos fracos da rede que podem ser explorados para lançar ataques contra as bases de dados (Armbrust et al., 2009).

Em segundo lugar, os erros que ocorrem nas redes locais

ou de área alargada estão relacionados com protocolos de segurança insuficientes. Os requisitos dos protocolos incluem factores de segurança que constituem a base da criação de programas, a utilização de antivírus, aplicações de memória virtual e a atualização e implementação de informações adicionais que podem constituir uma ameaça à segurança. Em terceiro lugar, a ligação entre o estabelecimento de procedimentos e as ligações de transmissão de informação é bastante problemática (Brooks, 2009). De facto, as ameaças à segurança são mais prevalecentes através de ligações, serviços de dados em trocas TCP Cliente/Servidor, ligações TCP e ligações de descarregamento simétricas, uma vez que estão associadas à transmissão de dados através da rede e à sua disponibilização aos clientes. A maximização dos recursos conduz ao congestionamento, que é contrariado pela utilização de fluxos paralelos e de servidores proxy (Khare, 2006).

Apesar da utilização da encriptação pelos departamentos de TI para garantir a segurança e a confidencialidade dos dados e das informações, a organização continua vulnerável a ataques. As normas relativas às infra-estruturas são geralmente ineficazes, o que facilita o acesso dos piratas informáticos à rede. Este acesso não autorizado pode levar à penetração dos protocolos de segurança, ao roubo ou mesmo à destruição da informação contida nas bases de dados, um fator que pode ter consequências negativas tanto para os clientes como para as organizações (Boran, 2003). Consequentemente, as entidades sociais, governamentais, industriais e internacionais têm um impacto significativo no tema proposto e nas suas áreas relacionadas. As desvantagens associadas à fuga de informações privadas, pessoais, financeiras e governamentais são uma preocupação séria (Kaufman, 2009). As bases de dados na nuvem podem conter dados sensíveis, como números de cartões de crédito, números de contas bancárias e dados governamentais privados. A fuga destes dados pode não só afetar a segurança das finanças pessoais, mas também constituir uma ameaça à segurança nacional, caso dados governamentais ou militares sensíveis caiam nas mãos de inimigos de um país. Os efeitos são nefastos e distorcem a divulgação de informações. Estas preocupações deram origem a legislação em matéria de cibersegurança (Canavan, 2001).

É cada vez mais fácil avaliar as perspectivas futuras e as mudanças que serão introduzidas no domínio da computação em nuvem para garantir um sistema de segurança reforçado.

Um estudo efectuado por Nayak & Yassir (2012) revelou

que, em alguns casos, os desafios em matéria de segurança dos dados podem ir além das políticas de segurança LAN/WAN normalmente em vigor. No seu estudo sobre a segurança dos dados no ambiente de computação em nuvem, os autores revelaram que os fornecedores de serviços em nuvem podem, em alguns casos, colocar os dados dos clientes em diferentes países e a proteção dos dados pode variar em função dos regulamentos de proteção de dados desses países específicos. Neste caso, a vulnerabilidade da segurança dos dados do cliente pode variar de um local de armazenamento para outro, dependendo das políticas de proteção de dados locais e internacionais em vigor (Nayak & Yassir, 2012).

Fern'andez et al (2012) concluem que a computação em nuvem é um paradigma eficaz devido às suas caraterísticas, como o autosserviço a pedido. Esta conclusão baseia-se no facto de os utilizadores serem capazes de disponibilizar capacidades computacionais mesmo na ausência de envolvimento ou interação humana (Furht & Escalante, 2011; Rannenberg, 2010). Baseia-se também no facto de permitir o acesso a redes alargadas a partir de várias plataformas de utilizadores. Em terceiro lugar, permite a partilha de recursos para servir muitos consumidores em simultâneo (Fern'andez, et al., 2012; Furht & Escalante, 2011; Rannenberg, 2010).

A segurança impede o acesso não autorizado aos dados. Só as pessoas autorizadas podem aceder aos dados de um cliente. Os mecanismos das soluções de computação em nuvem são diversos e incluem a confidencialidade, a gestão da identidade e a acessibilidade, o isolamento ou a encriptação (Shroff, 2010). Os controlos de acesso oferecem uma proteção excecional contra o acesso de hackers a credenciais ou chaves. A gestão das credenciais ou chaves é uma parte essencial da conceção da segurança. A maioria das ligações são trocadas dentro e fora da nuvem e são encapsuladas no protocolo SSL (Secure Sockets Layer). Em seguida, são autenticadas no endereço utilizando um certificado gerado pelo cliente. Este certificado está ligado a uma autoridade de certificação (CA) de raiz fiável e é auto-assinado pelo próprio cliente (Gillam, 2010). Este mecanismo é essencial para controlar a chave privada e proporciona um elevado grau de segurança; apenas os clientes autorizados com esta chave podem aceder a aspectos específicos do serviço. Do mesmo modo, a execução de aplicações de acordo com o princípio do "privilégio mínimo" é essencial para garantir a segurança dos dados e da informação. Cada ação é normalmente executada com uma conta de baixo privilégio (Brooks, 2009). Isto reduz o impacto potencial e aumenta a sofisticação necessária para atacar e requer um elevado nível de fortificação contra outras ameaças. Além disso, protege o cliente de ataques de outros utilizadores. A aplicação da segurança das comunicações também é crucial para os componentes internos de uma nuvem. Por exemplo, o Windows Azure assegura que todas as trocas entre os Fabric Controllers e os Fabric Agents em execução em servidores físicos são encriptadas utilizando SSL (Kundra, 2012).

Para além de identificar o acesso aos dados, a segurança tem de manter uma segmentação adequada para garantir uma proteção e um isolamento significativos a diferentes níveis. A computação em nuvem baseia-se principalmente no fenómeno da virtualização. Um dos pontos críticos é o isolamento da máquina virtual de outras máquinas virtuais e do hipervisor. Atualmente, os fornecedores de tecnologia VM ware e Microsoft asseguram um elevado nível de isolamento dos sistemas convidados devido à forte experiência dos produtos de virtualização ligados a estes diferentes fornecedores, uma vez que questões técnicas como a segurança e o desempenho da WAN impedem a adoção generalizada dos serviços de computação em nuvem (Howe, 1988).

Num ambiente de nuvem virtualizado, cada cliente tem uma VM que executa aplicações específicas do cliente (Armbrust et al., 2009; Howe, 1988). Como o sistema operacional (SO) de um provedor de nuvem executa várias VMs simultaneamente, é difícil gerenciar todas as VMs, e em recentes violações de segurança, hackers e outros especialistas em segurança descobriram falhas de segurança em algumas implementações de hipervisor (Howe, 1988). Os hipervisores estão a tornar-se mais comuns e a sua implantação está a expandir-se em tudo, desde sistemas de centros de dados a eletrónica de consumo incorporada; no entanto, à medida que a sua implantação aumenta, entram em jogo mais questões de segurança, incluindo uma variedade de métodos de ataque e as consequências desastrosas de um hipervisor comprometido (Clarke & Knake, 2012; Cleveland, 2009).

As vulnerabilidades incluem a capacidade de inserir código nas máquinas virtuais, a divulgação de informações não autorizadas e a potencial interrupção do serviço. Uma vez comprometido o hipervisor, é fácil penetrar no sistema operativo que reside nessa máquina virtual específica e no seu sistema de armazenamento, permitindo operações maliciosas nas aplicações que residem nas máquinas (Howe, 1988).

Assim, se alguém fosse capaz de penetrar no hipervisor que executa diversas variedades de sistemas operativos convidados, poderia utilizar o acesso de raiz ao hipervisor para cometer violações da segurança num ambiente de computação em nuvem, minando assim a segurança da LAN/WAN. Essas violações incluem, mas não se limitam a A instalação de rootkits na memória do kernel dos sistemas operativos em execução, a execução de truques nos sistemas de ficheiros como efeito secundário do acesso direto e bruto a meios de armazenamento de dados não voláteis (Howe, 1988; Galbreath & Galbreath, 2002; Buyya et al., 2011; Salomon, 2003).

Algumas pessoas pensam que é muito fácil, ou mesmo demasiado fácil, começar a utilizar serviços de computação em nuvem sem compreender plenamente os riscos de segurança e sem se comprometer com as regras éticas da computação em nuvem. A primeira pergunta a fazer é: "Quais são os riscos de segurança para os utilizadores da nuvem?" Também é possível que uma nuvem possa ser utilizada para lançar ataques em grande escala contra outros componentes da ciberinfra-estrutura. A pergunta seguinte é: "Como se pode evitar a utilização maliciosa dos recursos da nuvem?" Há várias maneiras de analisar os riscos de segurança associados à computação em nuvem. Um documento recente de Chow et al (2009) identifica três grandes categorias, a saber: 1) ameaças tradicionais à segurança, 2) ameaças à disponibilidade do sistema e 3) ameaças ao controlo de dados por terceiros.

As ameaças tradicionais são aquelas que qualquer sistema ligado à Internet enfrenta há algum tempo, mas com algumas particularidades específicas da computação em nuvem. O impacto das ameaças tradicionais é ampliado devido à grande quantidade de recursos da nuvem e à grande população de utilizadores que podem ser afectados, em especial os utilizadores de bases de dados distribuídas pelas LAN/WAN das organizações. A indefinição das linhas de responsabilidade entre os fornecedores de serviços em nuvem e os utilizadores e as dificuldades em identificar com precisão a causa de um problema aumentam as preocupações dos utilizadores da nuvem. As ameaças tradicionais começam no local do utilizador; este deve proteger a infraestrutura utilizada para se ligar à nuvem e para interagir com a aplicação executada na nuvem. Esta tarefa torna-se ainda mais difícil pelo facto de alguns componentes desta infraestrutura se encontrarem fora da firewall LAN/WAN que protege o utilizador.

A próxima ameaça está relacionada com o processo de autenticação e autorização, uma vez que pode ser implementado em bases de dados distribuídas. Os procedimentos implementados para um indivíduo não se aplicam a uma organização. Neste caso, o acesso à nuvem por parte dos membros de uma organização tem de ser diferenciado; devem ser atribuídos diferentes níveis de privilégios a diferentes pessoas, consoante o seu papel na organização. Também não é fácil fundir ou adaptar as políticas internas e as medidas de segurança de uma organização com as da nuvem. Ao passar do utilizador para a nuvem, é evidente que os ataques tradicionais já afectaram os fornecedores de serviços de nuvem. O multilocatário, combinado com as vulnerabilidades do VMM, pode abrir novos canais de ataque para utilizadores mal-intencionados. Identificar o caminho percorrido por um atacante é muito mais difícil num ambiente de nuvem. Os métodos de investigação tradicionais baseados na perícia digital não podem ser alargados a um ambiente de computação em nuvem onde os recursos são partilhados por uma grande população de utilizadores e onde o rasto dos acontecimentos relacionados com um incidente de segurança é apagado devido à elevada taxa de operações em qualquer suporte de armazenamento.

Os meios de ataque preferidos são: a) Ataques de negação de serviço distribuído (DDoS) que impedem que utilizadores legítimos acedam a serviços em nuvem, como bases de dados distribuídas; b) Phishing - um ataque para obter informações da base de dados de um site fazendo-se passar por uma entidade de confiança; Estas informações podem ser nomes e números de cartões de crédito, números da segurança social ou outras informações pessoais armazenadas por comerciantes em linha ou outros prestadores de serviços; c) Injeção de SQL - uma forma de ataque normalmente utilizada contra um sítio Web; um comando SQL introduzido num formulário Web faz com que o conteúdo de uma base de dados utilizada pelo sítio Web seja transmitido ao atacante ou modificado. As injecções SQL podem ser utilizadas contra outros sistemas de processamento de transacções e são bem sucedidas quando os dados introduzidos pelo utilizador não são fortemente tipificados e/ou rigorosamente filtrados; d) cross-site scripting - a forma mais popular de ataque contra sítios Web, em que um programa de navegação permite ao atacante inserir scripts de clientes em páginas Web, contornando assim os controlos de acesso ao sítio. Os servidores em nuvem alojam várias máquinas virtuais e podem ser executadas várias aplicações em cada máquina virtual.

A disponibilidade dos serviços em nuvem é outra grande preocupação. Falhas do sistema, cortes de energia e outros acontecimentos catastróficos podem interromper os serviços de computação em nuvem durante longos períodos de tempo; quando tal acontece, o bloqueio de dados pode impedir uma grande organização cujo modelo de negócio depende do bom funcionamento desses dados. As nuvens podem também ser afectadas por fenómenos de transição de fase e outros efeitos específicos dos sistemas complexos. Outro aspeto crítico da disponibilidade é o facto de os utilizadores não poderem ter a certeza de que uma aplicação alojada na nuvem está a devolver resultados corretos. Neste caso, os utilizadores da base de dados podem estar em risco, uma vez que o acesso aos dados do sítio Web pode não poder ser autenticado como sendo válido ou tendo o nível de integridade definido na LAN/WAN da organização.

O controlo por terceiros gera uma série de preocupações devido à falta de transparência e ao controlo limitado do utilizador. Os quadros de segurança adequados na LAN/WAN nem sempre funcionam quando um fornecedor de serviços de computação em nuvem externaliza determinados recursos para um terceiro cujo nível de confiança é questionável. Nalguns casos, com bases de dados distribuídas, há exemplos em que os fornecedores externos não conservaram os dados dos clientes. Há também exemplos em que o terceiro não era um terceirizado, mas um fornecedor de hardware e a perda de dados foi causada por dispositivos de armazenamento de má qualidade (Chow et al., 2009). O armazenamento de dados proprietários na nuvem é arriscado, uma vez que existem perigos reais de espionagem por parte dos fornecedores de serviços de nuvem. Os termos das obrigações contratuais geralmente atribuem toda a responsabilidade pela segurança dos dados ao utilizador. Isto significa que as organizações utilizadoras são responsáveis pelas medidas de segurança finais que protegem as suas bases de dados em ambientes de computação em nuvem.

É muito difícil para um utilizador de computação em nuvem provar que os dados foram eliminados pelo fornecedor de serviços. A falta de transparência torna a auditoria de dados uma proposta muito difícil para a computação em nuvem. As diretrizes de auditoria desenvolvidas pelo National Institute of Standards (NIST), como as Federal Information Processing Standards (FIPS) e a Federal Information Security Management Act (FISMA), são obrigatórias para as agências governamentais dos EUA. O primeiro relatório da Cloud Security Alliance (CSA), publicado em 2010, identificou sete ameaças principais à computação em nuvem. Essas ameaças são as seguintes: Uso indevido da nuvem, APIs que não são totalmente seguras, insiders maliciosos, tecnologia compartilhada, sequestro de contas, perda ou vazamento de dados e perfil de risco desconhecido (Cloud Security Alliance, 2011). De acordo com este relatório, o modelo de entrega IaaS pode ser afetado por todas as ameaças. O modelo PaaS pode ser afetado por todas as ameaças, exceto a tecnologia partilhada, enquanto o modelo SaaS é afetado por todas as ameaças, exceto o abuso e a tecnologia partilhada.

A utilização abusiva da nuvem refere-se à capacidade de realizar actividades maliciosas a partir da nuvem, por exemplo, utilizando múltiplas instâncias *AWS* ou aplicações suportadas por IaaS para lançar ataques distribuídos de negação de serviço ou para distribuir spam e malware. A tecnologia partilhada tem em conta as ameaças colocadas pelo acesso multi-tenant suportado pela virtualização. Os VMM podem ter vulnerabilidades que permitam a um sistema operativo convidado afetar a segurança da plataforma partilhada com outras máquinas virtuais. As API inseguras podem não proteger os utilizadores durante uma série de actividades, desde a autenticação e o controlo de acesso até à monitorização e ao controlo da aplicação em execução. Os fornecedores de serviços de computação em nuvem não divulgam as suas normas e políticas de contratação, pelo que os riscos associados a pessoas mal-intencionadas não podem ser ignorados. Isto significa que este tipo de ataque ocorre dentro da LAN/WAN e que os danos potenciais desta forma específica de ataque são elevados.

A perda e a fuga de dados são dois riscos com consequências devastadoras para um indivíduo ou uma organização que utilize serviços na nuvem. O armazenamento de cópias de dados fora da nuvem é muitas vezes impraticável devido ao grande volume de dados. Se a única cópia dos dados estiver armazenada na nuvem, os dados sensíveis perdem-se permanentemente no caso de uma falha na replicação de dados na nuvem seguida de uma falha no suporte de armazenamento. Uma vez que alguns dados incluem frequentemente dados proprietários ou sensíveis, o acesso a estas informações por terceiros pode ter consequências graves.

O sequestro de contas ou de serviços é uma ameaça significativa e os utilizadores da computação em nuvem devem estar cientes e precaver-se contra todos os métodos de roubo de credenciais. Finalmente, o perfil de risco desconhecido refere-se à exposição devido à ignorância ou subestimação dos riscos da computação em nuvem. A versão de 2011 dos relatórios da Cloud Security Alliance (CSA), *Security Guidance for Critical Area of Focus in Cloud Computing V3.0,* fornece uma análise de risco abrangente e recomendações para minimizar os riscos da computação em nuvem (Cloud Security Alliance, 2011).

A migração de bases de dados para ambientes de nuvem levanta uma série de questões de segurança que as organizações precisam de considerar, uma vez que a responsabilidade final de garantir a segurança dos dados recai sobre as organizações e não sobre os fornecedores (Galbreath & Galbreath, 2002). Quando as bases de dados internas que contêm dados sensíveis são transferidas para a nuvem, os utilizadores devem ter a certeza de que estão em vigor medidas adequadas de segurança das bases de dados e que estas abrangem a confidencialidade, a integridade e a disponibilidade dos dados (Galbreath & Galbreath, 2002). Os principais aspectos da segurança da base de dados na computação em nuvem são que os dados devem estar seguros em repouso, em trânsito e em uso, e que o acesso aos dados deve ser controlado. Por outras palavras, o acesso aos dados deve ser controlado:

- Para garantir que os dados não sejam corrompidos ou desviados, é muito importante implementar procedimentos seguros que protejam a transferência de dados de e para bases de dados que residem na nuvem (Rhee, 2003).
- Para garantir um elevado nível de confidencialidade, é importante que os dados externalizados armazenados em bases

de dados na nuvem sejam sempre encriptados (Rhee, 2003).

- Para garantir uma elevada integridade, o acesso aos dados armazenados na plataforma do fornecedor de bases de dados na nuvem deve ser devidamente controlado e monitorizado para todos os utilizadores, incluindo os administradores de bases de dados no centro de dados (Rhee, 2003).

Atualmente, existem protocolos e procedimentos normalizados de segurança das comunicações (HTTPS, SSH, certificações de chaves públicas, etc.) que podem ser utilizados para proteger os dados na nuvem, mas ainda não são evidentes as normas para a proteção dos dados armazenados nos centros de dados dos fornecedores de serviços de nuvem (Galbreath & Galbreath, 2002).

A disponibilidade, em termos simples, significa a medida em que os recursos do sistema são acessíveis e utilizáveis por utilizadores individuais ou organizações (Galbreath & Galbreath, 2002; Rhee, 2003).

Este é um dos aspectos críticos de segurança que as organizações precisam de ter em conta quando consideram a utilização de serviços de bases de dados na nuvem (Rhee, 2003). Em caso de falha, a disponibilidade pode ser afetada temporária ou permanentemente, e a perda pode ser parcial ou total (Fennelly, 2004). Existem muitas ameaças à disponibilidade, incluindo ataques de DOS, falhas de equipamentos e desastres naturais (Rhee, 2003; Fennelly, 2004). A maior parte do tempo de inatividade é frequentemente não planeada, o que pode ter um impacto grave nas operações quotidianas das organizações (Buyya et al., 2011). Embora nem todas as bases de dados exijam 100% de disponibilidade, algumas aplicações podem sofrer significativamente se as bases de dados ficarem indisponíveis por um período indefinido (Rhee, 2003).

Os serviços de computação em nuvem, apesar de disporem de uma infraestrutura concebida para oferecer uma elevada disponibilidade e fiabilidade, sofrem interrupções inesperadas. Por exemplo, em fevereiro de 2008, um popular serviço de armazenamento em nuvem (Amazon S3) sofreu uma interrupção de três horas que afectou os seus utilizadores, incluindo o Twitter e outras empresas em fase de arranque (Rhee, 2003). Por conseguinte, ao discutir a disponibilidade da base de dados com o fornecedor, os consumidores devem sempre exigir um padrão de alta disponibilidade conhecido como "cinco noves" (Galbreath & Galbreath,
2002; Rhee, 2003; Fennelly, 2004). Isto equivale a um tempo

de atividade de 99,99%, o que se traduz numa interrupção de cerca de cinco minutos por ano. Além disso, o nível de disponibilidade de um serviço de base de dados na nuvem, as opções de cópia de segurança dos dados e os mecanismos de recuperação de desastres devem ser devidamente considerados numa organização antes de considerar a mudança para um ambiente de nuvem (Hurwitz, Bloor, Kaufman & Halper, 2010).

Uma das principais ameaças à segurança das bases de dados na nuvem é a perda do controlo de acesso (Galbreath & Galbreath, 2002; Hurwitz et al., 2010; Buyya et al., 2011). Quando as organizações confiam dados sensíveis a fornecedores de serviços em nuvem, perdem o controlo físico, lógico e pessoal sobre esses dados, o que resulta num risco de segurança incorporado (Buyya et al., 2011; Salomon, 2003). Embora as ameaças externas sejam certamente motivo de grande preocupação, estudos recentes mostram que a maioria das ameaças ao controlo do acesso provém não só de funcionários internos das organizações, mas também de funcionários de fornecedores de serviços em nuvem (Buyya et al., 2011; Salomon, 2003). Por conseguinte, é essencial que os administradores de bases de dados na nuvem disponham de procedimentos adequados de controlo do acesso e de monitorização para garantir a segurança dos dados sensíveis (Hurwitz et al., 2010).

As organizações normalmente realizam verificações de antecedentes dos utilizadores privilegiados antes de os recrutar e realizam uma vigilância física constante (utilizando câmaras de segurança ou empregando pessoal de segurança para vigilância adicional) quando se trata de proteger dados sensíveis nas suas bases de dados no local; no entanto, quando os dados são transferidos para a base de dados de um fornecedor de serviços de computação em nuvem, as organizações já não são capazes de realizar o mesmo nível de vigilância e controlo de acesso (Rhee, 2003). Além disso, para garantir que o sistema funciona e está disponível para todos os clientes, o pessoal do fornecedor tem frequentemente acesso quase ilimitado à infraestrutura (Rhee, 2003; Fennelly, 2004; Hurwitz et al., 2010). Por conseguinte, os consumidores nunca devem hesitar em perguntar aos fornecedores de serviços de computação em nuvem sobre os mecanismos de controlo que existem sobre a infraestrutura física. Da mesma forma, os consumidores devem também exigir uma verificação dos antecedentes dos administradores antes de escolherem um fornecedor de bases de dados na nuvem (Hurwitz et al., 2010;

Salomon, 2003).

As soluções de auditoria proprietárias oferecidas por muitos vendedores não são fiáveis porque os administradores de bases de dados podem facilmente contorná-las apagando/modificando os ficheiros de auditoria; no entanto, através da utilização de encriptação, auditoria e monitorização adequadas dos serviços de bases de dados, as questões de controlo de acesso podem ser devidamente resolvidas para garantir a confidencialidade e a integridade do sistema (Galbreath & Galbreath, 2002; Rhee, 2003).

Apesar de a elasticidade e a flexibilidade serem consideradas as principais vantagens da computação em nuvem, estas apresentam um problema de segurança inerente (Fennelly, 2004). Para satisfazer as necessidades dos consumidores, as bases de dados na nuvem crescem e diminuem frequentemente, o que significa que os servidores físicos que alojam as bases de dados são aprovisionados e desprovisionados muitas vezes sem o conhecimento prévio dos consumidores (Rhee, 2003). Além disso, a fim de garantir uma elevada disponibilidade e redundância, os dados dos clientes são normalmente replicados em vários centros de dados em diferentes locais (Fennelly, 2004). Todos estes factores resultam num ambiente não estático em que os consumidores não têm praticamente qualquer visibilidade ou acessibilidade à infraestrutura física (Rhee, 2003; Galbreath & Galbreath, 2002; Rittenhouse & Ransome, 2010; Salomon, 2003).

Os obstáculos que resultam do acima exposto levantam a questão de saber como é que todos estes elementos conduzem a violações da segurança (Hurwitz et al., 2010; Buyya et al., 2011). A resposta é que a maioria dos métodos tradicionais de monitorização e proteção exige o conhecimento da topologia completa da rede, enquanto outros dependem do acesso a dispositivos físicos, como o SSL assistido por hardware. No entanto, em todos esses casos, a natureza dinâmica da computação em nuvem torna as abordagens tradicionais impraticáveis, pois exigiriam constantes mudanças de configuração (Rhee, 2003). Algumas abordagens que exigem a instalação de hardware serão impossíveis de implementar, a menos que os serviços da base de dados sejam implementados numa nuvem privada. Devido aos fatores acima, os procedimentos de monitoramento e auditoria de banco de dados precisam ser abordados de uma nova maneira, usando uma abordagem distribuída através de LANs e WANs (Hurwitz et al., 2010);

Buyya et al, 2011; Salomon, 2003.

Outro risco de segurança associado à segurança física é a remoção/eliminação de dados dos dispositivos de armazenamento, conhecida como sanitização de dados (Shroff, 2010; Rhee, 2003; Nichols & Lekkas, 2002). A sanitização envolve a remoção de dados dos suportes de armazenamento através da substituição, desmagnetização ou destruição dos próprios suportes, a fim de evitar a divulgação não autorizada de informações (Groth & Skandler, 2009; Jaeger & Schiffman, 2010; Kaeo, 2004; Kaufman, 2009; Marks & Lozano, 2009; Shroff, 2010). Em ambientes de nuvem pública, os dados de diferentes clientes são agrupados fisicamente, o que complica os procedimentos de remediação (Buyya et al., 2011; Nichols & Lekkas, 2002; Armbrust et al., 2009; Canavan, 2001; Chow et al, 2009; Clarke & Knake, 2012; Cleveland, 2009). Além disso, as cópias de segurança regulares efectuadas pelo fornecedor da nuvem para garantir uma elevada redundância aumentam as complicações (Galbreath & Galbreath, 2002; Jaeger & Schiffman, 2010; Kaeo, 2004). Há muitos exemplos em que os investigadores conseguiram recuperar grandes quantidades de informação sensível a partir de discos em segunda mão comprados em leilões em linha (Jaeger &

Schiffman, 2010; Kaufman, 2009; Shroff, 2010). Se os dados não forem corretamente apagados, é mesmo possível recuperar dados críticos de discos defeituosos utilizando equipamento adequado, e isto pode ser feito através de qualquer rede local ou de área alargada que seja vulnerável do ponto de vista da segurança (Salomon, 2003). Por conseguinte, é extremamente importante que os SLA especifiquem se os fornecedores de serviços de computação em nuvem fornecem medidas suficientes para garantir que a higienização dos dados é efectuada de forma adequada ao longo do ciclo de vida do serviço de computação em nuvem.
a infraestrutura LAN/WAN para garantir que nenhum dos dados da rede seja pirateado (Shroff, 2010; Rhee, 2003).

Praticamente todos os inquéritos indicam que a segurança é a principal preocupação dos utilizadores de computação em nuvem, que estão habituados a ter controlo total sobre todos os sistemas em que as informações sensíveis são armazenadas e processadas. Normalmente, os utilizadores operam dentro de um perímetro seguro protegido por uma firewall corporativa na sua LAN/WAN (Canavan, 2001; Chen et al., 2010). Apesar das potenciais ameaças, os utilizadores devem confiar no fornecedor de serviços de computação em nuvem se quiserem colher os benefícios económicos da computação utilitária (Hurwitz et al., 2010; Salomon, 2003; Shroff, 2010). Trata-se de uma transição bastante difícil, mas que é essencial para o futuro da computação em nuvem (Shroff, 2010). Para apoiar esta transição, alguns argumentam que a segurança da computação em nuvem está nas mãos de especialistas, pelo que os utilizadores estão ainda mais bem protegidos do que quando são responsáveis pela sua própria segurança. As principais preocupações dos utilizadores são o acesso não autorizado a informações confidenciais e o roubo de dados. Os dados são mais vulneráveis quando estão armazenados do que quando são processados.

Os dados são armazenados durante longos períodos, ao passo que só são expostos a ameaças durante o tratamento durante um período relativamente curto. Por conseguinte, deve ser dada especial atenção à segurança dos servidores de armazenamento e dos dados em trânsito. Isto não significa que as ameaças durante o processamento possam ser ignoradas; estas ameaças podem ter origem em falhas no VMM, em máquinas virtuais maliciosas ou numa VMBR. Há também o risco de acesso não autorizado e roubo de dados por funcionários desonestos de um provedor de serviços em nuvem (Galbreath & Galbreath, 2002; Rhee, 2003; Fennelly, 2004;

Rittinghouse & Ransome, 2010; Hurwitz et al., 2010; Buyya et al., 2011; Salomon, 2003; Nichols & Lekkas, 2002; Armbrust et al., 2009; Canavan, 2001). As políticas de contratação e de controlo da segurança do pessoal dos CSP são processos completamente opacos para os utilizadores, o que justifica as suas preocupações com os ataques internos. As preocupações que se seguem estão relacionadas com o controlo do utilizador sobre o ciclo de vida dos dados. É praticamente impossível para um utilizador determinar se os dados que deveriam ter sido apagados foram de facto apagados (Rhee, 2003; Shroff, 2010). Mesmo que tenham sido eliminados, não há garantia de que o suporte tenha sido apagado e que o utilizador seguinte não possa recuperar os dados confidenciais. Este problema é exacerbado pelo facto de os CSP dependerem de cópias de segurança transparentes para evitar a perda acidental de dados. Estas cópias de segurança são feitas sem o consentimento ou o conhecimento do utilizador. Durante este exercício, os registos de dados podem ser perdidos, apagados acidentalmente ou acedidos por um hacker.

Não há dúvida de que o multitenancy é a causa de muitas preocupações dos utilizadores. No entanto, o multitenancy permite uma maior utilização dos servidores e, por conseguinte, uma redução dos custos. Sendo um dos pilares do utility computing, os utilizadores têm de aprender a viver com o multitenancy. As ameaças causadas pelo multilocatário diferem de um modelo de fornecimento de serviços em nuvem para outro. Por exemplo, no caso do SaaS, as informações privadas, como nomes, endereços, números de telefone e até números de cartões de crédito de muitos utilizadores, são armazenadas num servidor e, quando a segurança desse servidor é comprometida, um grande número de utilizadores é afetado (Shroff, 2010; Galbreath & Galbreath, 2002). Já foi referido que as ameaças associadas à multi-localização durante o tempo de processamento não podem ser ignoradas. Os utilizadores também estão muito preocupados com o quadro jurídico para garantir a segurança da computação em nuvem. A tecnologia da computação em nuvem evoluiu muito mais rapidamente do que a legislação em matéria de segurança e privacidade e os utilizadores têm preocupações legítimas quanto à defesa dos seus direitos. Uma vez que os centros de dados de um PSC podem estar localizados em vários países, é difícil perceber que leis se aplicam. Podem ser as leis do país onde a informação é armazenada e processada, as leis dos países onde a informação passa entre o utilizador e o centro de dados, ou as leis do país do utilizador.

Para complicar ainda mais a situação, um PSC pode

subcontratar o tratamento de informação pessoal e/ou sensível. As leis existentes que exigem que o PSC exerça uma segurança razoável podem ser difíceis de aplicar nos casos em que existe uma cadeia de subcontratação a empresas localizadas em diferentes países e com redes extensas (Shroff, 2010; Yao, 1986). Por último, um PSC pode ser obrigado a partilhar dados privados com as autoridades policiais. Para minimizar os riscos de segurança, um utilizador pode tentar evitar o processamento de dados sensíveis numa nuvem. Quando o volume de dados sensíveis ou o fluxo de processamento exige que os dados sensíveis sejam armazenados na nuvem, sempre que possível os dados devem ser encriptados (Nichols & Lekkas, 2002; Armbrust et al, 2009; Canavan, 2001; Chow et al, 2009; Clarke & Knake, 2012; Groth & Skandler, 2009; Kaeo, 2004 Kaufman, 2009; Marks & Lozano, 2009; Shroff, 2010). Isto coloca um dilema porque a encriptação impede que os dados sejam indexados e pesquisados. Para algumas aplicações, como as bases de dados distribuídas, é possível codificar os dados para os tornar ininteligíveis para um intruso. Embora extremamente ineficiente e, por conseguinte, impraticável atualmente, é possível processar dados cifrados utilizando um esquema de cifragem totalmente homomórfico (Gentry, 2009) ou cálculos seguros em duas partes (Yao, 1986).

De acordo com Michael Pauly, a segurança na nuvem não é garantida. O maior risco é a perceção pelos imperativos empresariais da complexidade da resolução dos problemas identificados (Cleveland, 2009). Pauly (2013) compara esta situação com o facto de uma empresa colocar o cursor no botão certo e repudiar o acesso aos pontos de segurança dos fornecedores. Este pode ser um desafio constante, mas a Cloud Security Alliance está a trabalhar ativamente para o contrariar. À luz desta e de outras preocupações rigorosas, os fornecedores de serviços em nuvem podem contratar hackers para invadir a rede e avaliar os pontos fracos (Sosinsky, 2011). No entanto, o facto de a questão da segurança da computação em nuvem estar a ser debatida desta forma tem um impacto positivo em qualquer organização e não irá atrasar os desenvolvimentos. A maioria das PME deve beneficiar de uma maior segurança no ambiente de computação em nuvem e nos seus sistemas internos (Bernard, 1995). No entanto, a segurança dos fornecedores de serviços de computação em nuvem é uma questão crítica, mas estão a ser feitos esforços consideráveis para resolver este problema. As mesmas preocupações foram expressas no inquérito quando 35 inquiridos questionaram a integridade do serviço e a sua disponibilidade (Jaeger & Schiffman, 2010).

Se os fornecedores de serviços de computação em nuvem não forem capazes de fornecer medidas de segurança fiáveis, devem ser estabelecidos acordos sólidos entre eles para os responsabilizar. Em ambientes dominados pelo SaaS (Software as a Service), as medidas de segurança e os âmbitos de ação são definidos por contratos. No modelo de Infraestrutura como Serviço (IaaS), a segurança da infraestrutura subjacente e das camadas superiores é gerida pelo fornecedor de IaaS (Shroff, 2010). O cliente é responsável por quaisquer operações após a instalação da infraestrutura. Estas operações podem ser efectuadas em sistemas operativos, aplicações e dados. A PaaS (Platform as a Service) situa-se entre a SaaS e a IaaS. A segurança desta plataforma é da responsabilidade do fornecedor de PaaS, mas o cliente é responsável pela proteção das aplicações desenvolvidas nesta plataforma. Isto aplica-se em grande medida às nuvens privadas que são virtualizadas numa única entidade, que alguns subscritores consideram ser mais segura para o armazenamento de dados (Canavan, 2001).

O fornecedor de serviços de computação em nuvem deve garantir a segurança da nuvem, da rede e do ambiente físico. A escolha de um fornecedor de serviços de computação em nuvem deve, por conseguinte, basear-se no profissionalismo e em conhecimentos sólidos. O fornecedor de serviços de computação em nuvem deve estar familiarizado com as melhores soluções de segurança de rede e sistemas de segurança operacional (Sosinsky, 2011). Além disso, o fornecedor de serviços de computação em nuvem deve ser capaz de demonstrar a avaliação e a aceitação de todos os riscos de segurança, testar o sistema de proteção e monitorizar as ameaças à segurança. Além disso, a avaliação da resposta do fornecedor de serviços de computação em nuvem a incidentes é crucial (Sannella, 1994). Por exemplo, a verificação da existência de um centro de operações de segurança (SOC) pode ser uma avaliação inicial da competência do fornecedor de serviços de computação em nuvem. Por último, a segurança da rede deve proteger todos os pontos de acesso virtual na nuvem. Além disso, a segurança física pode exigir uma análise minuciosa das soluções específicas implementadas pelo fornecedor de serviços de computação em nuvem para a recuperação de desastres. Deve indicar claramente o armazenamento de dados e a disponibilidade de dados encriptados transferidos para um local remoto. Recomenda-se também que o fornecedor de serviços de computação em nuvem selecione técnicas que ofereçam medidas de segurança física que estejam em conformidade com as normas SAS 70 ou

ISO 9000 (Armbrust et al., 2009).

A quase ausência de arquitecturas de segurança levou, durante vários anos, os especialistas a questionarem o problema, mas só recentemente é que a questão ressurgiu. O debate sobre a segurança atualmente em curso no domínio da computação em nuvem é igualmente preocupante. Embora a indústria ainda esteja a recuperar do assunto, a Conferência RSA fez dele o seu cavalo de batalha e parece que várias empresas estão muito atrasadas no que respeita às arquitecturas de segurança da computação em nuvem (Sosinsky, 2011). A Gartner publicou um estudo sobre os riscos de segurança mais comuns em projectos de virtualização de centros de dados. Este estudo é coerente com os inquéritos realizados no local para destacar as razões da falta de segurança nas arquitecturas virtuais (Gartner, 2008). Neil MacDonald, analista da Gartner, salientou que a virtualização é intrinsecamente insegura, mas que a maioria das cargas de trabalho virtualizadas é implementada de forma insegura. De acordo com MacDonald, a base da implantação insegura inclui a falta de ferramentas e processos, a maturidade e a falta de formação das equipas, revendedores e consultores. Além disso, a maioria dos projectos de virtualização não inclui equipas de segurança na arquitetura inicial. A outra grande causa é a mobilidade dos servidores virtuais, que dificulta o controlo da segurança (Nichols & Lekkas, 2002). Em geral, as qualificações das equipas operacionais em termos de segurança do ambiente de produção, dos sistemas operativos e do hardware contribuíram para as soluções de virtualização. De facto, este argumento não tem em conta a nova camada de software introduzida quando o ambiente de produção é virtualizado: o hipervisor e o VMM (Virtual Machine Monitor). No entanto, os principais princípios de segurança mantêm-se inalterados. A proteção do ambiente virtual, incluindo o trabalho virtual, aplica princípios semelhantes aos da WAN/LAN tradicional. Para os profissionais, é importante aplicar patches nas plataformas virtualizadas de forma segura e desenvolver bons processos de controlo das alterações. Por outro lado, a cobertura "a tempo zero" dos servidores através de um endereço de protocolo Internet externo ao servidor é necessária para garantir que os piratas informáticos não têm vulnerabilidades inexploradas (Jaeger & Schiffman, 2010).

Em resultado da iniciativa de computação em nuvem da administração Obama, as agências governamentais dos EUA estão a ser pressionadas pelo gabinete orçamental para transferirem mais serviços e aplicações para a nuvem, de preferência serviços comerciais (Sosinsky, 2011). No ano passado, no seu plano para reformar a gestão das TI federais dos EUA, o Chief Information Officer (CIO) Vivek Kundra clarificou a responsabilidade do governo, ordenando aos CIO das agências federais que identificassem pelo menos três serviços críticos para migrar para a nuvem (Kundra, 2012). Pelo menos um desses três serviços deve ter migrado no prazo de um ano e os outros dois devem ter um ano e meio para finalizar a transição. Ao avaliar as opções para novas implantações, o gabinete orçamental orientou as agências para escolherem a nuvem por defeito ao especificarem os seus planos, uma vez que é uma opção segura e fiável. Até à data, 25 agências identificaram 78 sistemas para migração (Shroff, 2010).

Shawn P. McCarthy, diretor de investigação da International Data Corporation, estima que 80% da migração dos governos para a computação em nuvem será feita para nuvens privadas, internas ou subcontratadas (McCarthy, 2011). Uma nuvem privada é descrita como uma infraestrutura subcontratada ou alojada centralmente que está aberta ao público. No entanto, a utilização de sistemas dedicados operados por um fornecedor deve ser aprovada pelo governo através de acordos de nível de serviço. Por outro lado, uma nuvem pública é utilizada principalmente pelas agências quando processam informações que não são sensíveis, como as informações governamentais, e que são apresentadas em portais Web (Bryman, 2008). Por exemplo, a AWS GovCloud da Amazon, que é uma nuvem privada, foi lançada na cimeira de TI da NASA em agosto. Tsengdar Lee, CTO da NASA para as TI, mostrou-se entusiasmado com a possibilidade de trabalhar com o sector privado, mas também alertou para a necessidade de adotar uma abordagem muito cautelosa. De acordo com Lee, cerca de 60% do projeto de migração para a nuvem da NASA será alojado na sua nuvem privada, Nebula (Jaeger & Schiffman, 2010; Shroff, 2010; Vaquero, et al., 2009).

CAPÍTULO 7

TENDÊNCIAS DE SEGURANÇA NA COMPUTAÇÃO EM NUVEM

Há uma série de tendências na segurança da computação em nuvem. A primeira tendência é a utilização de dados com dispositivos móveis, como os smartphones. À medida que são desenvolvidas novas soluções para smartphones para facilitar o acesso a informações e dados armazenados na nuvem, as violações de segurança são comuns mesmo antes de as soluções serem criadas. Em segundo lugar, o mundo precisa atualmente de ferramentas avançadas para gerir a identidade, a gestão do acesso e a tecnologia, em especial à medida que as nuvens conduzem a recursos virtualizados e federados. Mesmo quando são desenvolvidas soluções para combater as ameaças à segurança, estas não conseguem fazer face a uma nuvem composta por elementos mistos herdados e ambientais. Além disso, a organização é afetada por diferentes processos de emprego para gerir os seus dados e aplicações na nuvem.

Para responder aos desafios das aplicações de elevado desempenho com uma implementação relativamente simples, as empresas de redes revelaram uma gama de dispositivos que podem ser colocados em qualquer ponto da rede e monitorizar violações de protocolos, código malicioso, vírus ou spam. Mesmo as empresas tradicionalmente orientadas para o software estão a descobrir que a forma mais simples de gerir redes complexas e de elevado desempenho é implementar um dispositivo de rede. Normalmente, as empresas têm de executar diferentes tipos de protocolos, cada um destinado a atenuar um determinado vetor de ameaça, e muitas vezes esta quantidade diversificada de cada tipo de processamento exige diferentes requisitos de escalabilidade, desempenho e topologia de rede. Esta abordagem resulta num ambiente de segurança em que os clientes apenas se preocupam com o número de dispositivos que têm de ser mantidos e geridos para controlar o seu funcionamento relativamente a todas as ameaças.

A gestão das redes é uma questão de segurança importante para as equipas de segurança e os operadores de TI de qualquer organização. A computação em nuvem através de LANs e WANs foi exposta a uma vulnerabilidade acrescida, exigindo precauções para garantir a segurança das informações armazenadas nas bases de dados (Nichols & Lekkas, 2002). Estas equipas de segurança e os profissionais de TI são responsáveis pelo desenvolvimento das bases de dados e por garantir a sua segurança contra ataques maliciosos. As equipas de segurança têm as competências e os conhecimentos necessários para desmantelar os dispositivos de segurança e, embora seja um problema improvável, a possibilidade de acontecer deve ser considerada. A segunda questão diz respeito ao protocolo de segurança quando é utilizada uma rede local ou alargada. No sítio Web, os requisitos do protocolo podem incluir os factores de segurança pelos quais o programa foi criado, bem como a utilização de software antivírus. A terceira questão está relacionada com a ligação, de modo a estabelecer procedimentos e ligações para a transmissão de informações. As ligações e a utilização de serviços de dados através de um aperto de mão TCP cliente/servidor, uma ligação TCP ou uma ligação simétrica estabelecida por descarregamento são alvos abertos para ataques. Estas ligações transmitem informações e dados fornecidos pelo cliente (Khare, 2006). Embora os departamentos de TI utilizem a encriptação para garantir a segurança e a confidencialidade das informações e dos dados, a organização continua exposta ao risco de ataque, porque os piratas informáticos continuam a poder aceder à rede. Se um hacker conseguir penetrar nos protocolos de segurança, pode roubar ou destruir as informações armazenadas na base de dados, com consequências negativas para os clientes e as organizações.

Não há dúvida de que as entidades sociais, governamentais, industriais e internacionais estão a ter um impacto significativo devido às armadilhas representadas pelas fugas de informações pessoais, financeiras e governamentais secretas. Estas preocupações são o prenúncio de uma legislação sobre cibersegurança.

CAPÍTULO 8
O FUTURO DA COMPUTAÇÃO EM NUVEM

A segurança das redes locais e de longa distância é essencial para garantir a segurança das bases de dados num ambiente de computação em nuvem. A vulnerabilidade dos dados nas bases de dados em nuvem é o principal problema que impede a adoção da computação em nuvem. Com os avanços nas tecnologias da informação (TI), a prestação de serviços nas e pelas organizações mudou radicalmente, resultando numa pressão contínua e, em particular, na consolidação da infraestrutura de TI em centros de dados para melhorar a acessibilidade, a disponibilidade e as questões de proteção de dados que são projectadas por uma força de trabalho distribuída (Canavan, 2001). Além disso, os recentes desenvolvimentos na computação em nuvem também levaram muitas organizações e empresas a rever as suas estratégias de TI, adoptando a opção da computação em nuvem devido às economias de custos associadas. Em primeiro lugar, a computação em nuvem oferece a possibilidade de iniciar operações comerciais, permitindo a aquisição rápida de infra-estruturas, plataformas e serviços de TI de ponta e altamente escaláveis.

Estão a surgir na computação em nuvem várias tecnologias LAN/WAN de alta velocidade que oferecem melhores soluções e que, consequentemente, ameaçam as actuais tecnologias LAN de primeira geração, que estão obsoletas. As novas tecnologias devem ser operacionais e rentáveis na computação em nuvem. Por esta razão, as empresas de segurança revelaram uma série de equipamentos em redes para melhorar as aplicações de alto desempenho e as implementações simplificadas (Sosinsky, 2011). A aplicação destas máquinas visa controlar o protocolo, bem como o código malicioso, os vírus ou o spam. Tradicionalmente, as empresas orientadas para o software têm manifestado a importância de uma appliance de rede no tratamento de redes complexas e de elevado desempenho. Para atenuar vectores de ameaça específicos e diversificar a quantidade de requisitos de processamento na topologia da rede, muitas empresas utilizam diferentes tipos de dispositivos. A utilização destes dispositivos promove um ambiente em que os clientes estão a lidar com dispositivos que precisam de ser mantidos e geridos para controlar o funcionamento e as ameaças à segurança (Nichols & Lekkas, 2002).

Algumas das medidas de segurança bem conhecidas que foram eficazes no passado, como a alteração do SSID predefinido, a utilização de VPNs e a colocação de pontos de acesso, são muito promissoras para fazer face às ameaças à segurança associadas à computação em nuvem (Chen, Paxson, & Katz, 2010).

Antonopoulos & Gillam (2010) explicam que os sistemas em nuvem são constituídos por recursos cujas ligações são dinâmicas. Em termos simples, isto significa que a construção de sequências lógicas de eventos para efeitos de investigação de incidentes específicos requer a recolha de conjuntos de dados de muitas fontes. Estas fontes incluem as próprias aplicações, os registos dos recursos virtuais (RV) provavelmente utilizados pelas aplicações em questão e os registos dos recursos físicos (RP) utilizados pelos RV (Fern'andez, et al., 2012; Furht & Escalante, 2011; Rannenberg, 2010). Por conseguinte, os administradores têm de combinar adequadamente os dados, identificando cada intervalo de tempo durante o qual uma aplicação ou aplicações utilizam um determinado RV, todos os intervalos prováveis durante os quais os RV utilizam RP e quaisquer outros registos relevantes de quaisquer recursos relacionados. A recolha e a combinação de todos estes dados a partir de uma variedade de fontes é bastante difícil e, por vezes, impraticável à luz das escalas prospectivas dos sistemas de nuvem (Rannenberg, 2010).

Para garantir que os serviços de computação em nuvem cheguem a um vasto público em todo o mundo, os fornecedores de serviços de computação em nuvem, como a IaaS, criaram centros de dados em várias localizações geográficas para proporcionar separação e também para garantir ligações seguras e fiáveis em caso de falha do local. Por exemplo, a Amazon instalou centros de dados nos Estados Unidos, ao longo das costas oeste e leste. Esta decisão foi tomada por duas razões: Em primeiro lugar, para permitir que os seus subscritores exprimam a sua preferência pela localização dos serviços de aplicação e, em segundo lugar, porque não oferecem meios automáticos para alargar os seus serviços alojados a numerosos e múltiplos centros de localização. De acordo com Buyya et al (2009), este critério está na origem de muitas falhas de segurança na computação em nuvem, incluindo a dificuldade de os consumidores de computação em nuvem determinarem os melhores sítios de alojamento e a dificuldade de os fornecedores de SaaS satisfazerem as expectativas de qualidade do serviço quando os serviços têm origem em sítios diferentes. Por conseguinte, é importante federar centros de dados com múltiplos domínios para atingir os objectivos de QoS da segurança da computação em nuvem (Kundra, 2012).

Outro fator importante é que não existe um único fornecedor de serviços em nuvem capaz de estabelecer o seu centro de localização de dados em locais adequados em todo o mundo. Consequentemente, os fornecedores de SaaS podem enfrentar uma série de dificuldades para satisfazer as expectativas dos assinantes em termos de qualidade de serviço em ambientes de computação em nuvem. Consequentemente, os fornecedores de serviços gostariam de aspirar à possibilidade de utilizar múltiplas infra-estruturas de computação em nuvem que possam oferecer melhores instalações para satisfazer as exigências dos consumidores com o mínimo ou nenhuma perda de dados ou violações de segurança (ITA, 1998). Este tipo de exigência surge frequentemente em empresas com aplicações e operações globais, como o alojamento de media, os serviços Internet e as aplicações Web 2.0. Esta abordagem também exige melhores mecanismos de construção para a fusão da segurança da computação em nuvem para o aprovisionamento unificado de serviços em vários fornecedores de nuvem. Apesar disso, há uma série de deficiências na criação de conexões de nuvem através de um ambiente de nuvem comum (Shroff, 2010).

Para resolver os problemas de segurança e fiabilidade acima referidos, Buyya et al (2009) recomendaram que a próxima geração de fornecedores de serviços de computação em nuvem deveria ter em conta uma série de questões: em primeiro lugar, deveriam considerar a possibilidade de alargar ou redimensionar o seu nível de aprovisionamento, que se baseia na segurança dos picos de procura de carga de trabalho, em que a informação pode ser pirateada através do roubo de identidade. Esta abordagem permite que uma grande parte da capacidade de computação e de armazenamento disponível seja alugada a fornecedores de infra-estruturas de computação em nuvem semelhantes. Em segundo lugar, devem funcionar no âmbito de uma perceção de federações de aluguer orientadas para o mercado, em que os anfitriões de aplicações como a Sales Force baseiam os seus serviços num acordo de nível de serviço (SLA) negociado (Brooks, 2009). Este contrato é determinado por outras etiquetas de preço concorrentes no mercado. Em terceiro lugar, os fornecedores de aplicações devem considerar a possibilidade de oferecer serviços de QoS fiáveis, rentáveis, oportunos e eficientes, baseados na satisfação das subscrições e na tecnologia de virtualização. Por último, podem utilizar um modelo de serviço baseado no mercado como base para fornecer software virtualizado e recursos de hardware federados de forma segura através de subscritores heterogéneos da nuvem (Boran, 2003).

Como a tecnologia de computação em nuvem está sujeita a alterações, a noção de segurança LAN/WAN de uma base de dados num ambiente de computação em nuvem também estará sujeita a alterações. Em termos de recomendações para investigação futura, é inevitável uma exploração contínua, uma vez que, com a sofisticação da tecnologia futura, surgirão certamente formas mais complicadas de realizar várias actividades ilegais e negativas em linha (Howe, 1988). Por conseguinte, os especialistas em proteção de redes devem esforçar-se por fornecer aos ambientes virtuais capacidades de segurança de redes que sejam, pelo menos, comparáveis às dos ambientes físicos. Devem desenvolver ofertas concebidas para ambientes virtualizados com Xen e ESX, entre outros (Shroff, 2010). Yann Le Borgne, CTO da Sourcefire Southern Europe, salienta que as sondas estão disponíveis em modo virtual, para a prevenção e deteção de qualquer intrusão em redes virtuais. Expressou a possibilidade de utilizar os conhecimentos especializados para a descoberta passiva de redes e salientou que os elementos de boas-vindas resultam do facto de os gestores de sistemas esquecerem por vezes que, com a virtualização, as equipas de segurança perdem visibilidade (King, 2008).

Posteriormente, o editor anunciou a integração com VMware, vShield e API. O objetivo desta integração era obter uma maior capacidade de ação; as sondas virtuais podiam guardar informações sobre a rede e os administradores podiam escrever regras relativas à conformidade das informações. A partir de um evento, é possível bloquear o serviço ou o fluxo de rede nos estágios iniciais (ITA, 1998). Concretamente, quando o IPS detecta uma violação das regras, como aplicações ou portas não autorizadas, uma rede não normalizada ou um acesso inesperado a um serviço crítico, a API configura dinamicamente o VMware vShield App (para a proteção das aplicações) ou o vShield Edge (para o controlo do acesso à rede) para bloquear a atividade que não está em conformidade com as especificações estabelecidas (Khare, 2006).

REFERÊNCIAS

Amazon Webb Services (2013). O que é a computação em nuvem 2013-03-19.

Antonopoulos, N. e Gillam, L. (2010). *Cloud computing: Principles, systems and applications (Computação em nuvem: princípios, sistemas e aplicações)*. Londres: Springer.

Armbrust, M., Fox, A., Griffith, R., Joseph, A. D., Katz, R., Konwinski, A., Lee, G., Patterson, D., Rabkin, A., Stoica, I. & Zaharia, M. (2009). "Above the Clouds: A Berkeley View of Cloud Computing". *Engenharia Eléctrica e Ciências da Computação, Universidade da Califórnia em Berkeley.* Acedido em 14 de abril 2013de: http://www.eecs.berkeley.edu/Pubs/TechRpts/2009 /EECS-2009-28.pdf

Bernard, H. R. (1995). *Research methods in anthropology* (2ª ed.). Londres: SAGE.

Boran, S. (2003). *IT Security Cookbook.* Nova Iorque: Magma.

Bowman, M., Debray, S. e Peterson, L. (1993). *Raciocínio sobre sistemas de nomes.ACM Transformation Program.* Obtido em http://dl. acm.org/citation.cfm ? doid=161468.161471

Brooks, C. (2009, 16 de novembro). *SaaS e o futuro da nuvem cor-de-rosa.* Recuperado de http://www.CloudComputing.com
Bryman, A. (2008). *Social research methods* (3ª ed.). Oxford: Oxford University Press.

Buyya, Rajkumar, Broberg, J. e Goscinski (2011). *Principles and paradigms of cloud computing (Princípios e paradigmas da computação em nuvem).* Hoboken, Nova Jersey: John Wiley & Sons, Inc.

Canavan, J. E. (2001). *Fundamentals of network security (Fundamentos da segurança de rede).* Norwood, MA: Artech House.

Chen, T. M. e Abu-Nimeh, S. (2011). Lessons from Stuxnet [Lições do Stuxnet]. *Computer,* 44(4).

Chen, Y., Paxson, V. e Katz, R. (2010). *O que há de novo na segurança da computação em nuvem? Relatório técnico n.º UCB/EECS-2010-5.*

Chou, Y. (2011). As teorias de Chou sobre a computação em nuvem. Recuperado em 10 de abril de 2013 de: http://blogs.technet.com/b/yungchou/archive/2011/03/03/chou-s-theories-of-cloud-computing-the-5-3-2-principle.aspx.

Clarke, R. A. e Knake, R. K. (2012). *Cyber War: The Next Threat to National Security and What to Do about It [Guerra Cibernética: A Próxima Ameaça à Segurança Nacional e o que Fazer a Respeito*]. Nova Iorque: Ecco, uma marca da HarperCollins Publishers.

Cleveland, T. (2009). *Segurança da base de dados num ambiente de computação em nuvem da IT World.Cloud* Security Alliance (2010). Principais ameaças à computação em nuvem V1.0. https://cloudsecurityalliance.org/topthreats/csathreats.v1.0.pdf

Cleveland, T. (2009). *LAN/WANSecurity of Database on Cloud Computing Environment (Segurança da base de dados em ambiente de computação em nuvem).* Infoworld Inc. Disponível em http://www.infoworld.com/d/security-central/forums/lanwan-security-database-cloud-computing-environment-853. Acedido em 5 de setembro de 2010.

Cloud Security Alliance (2011). Guia de segurança para áreas críticas da computação em nuvem V3.0. *https://cloudsecurityalliance.org/guidance/csagui de.v3.0.pdf*

Fennelly, Lawrence J. (2004). *Effective physical security.* Butterworth-Heinemann.

Fern'andez, A., Peralta, D., Herrera, F. & Ben'itez, J. M. (2012). "Visão geral do e-learning. em CloudComputing". *Workshop sobre LTEC 2012, AISC 173,* pp.35-46.

Ferrari, D. e Verma, D. C. (1989). *Um esquema para o estabelecimento de canais em tempo real em redes de área alargada*
Instituto Internacional de Informática.

Ford, B. (2012) "Icebergs in the clouds; the other risks of cloud computing" [Icebergs nas nuvens; os outros riscos da computação em nuvem]. *Proc. 4 th Workshop sobre tópicos quentes em computação em nuvem,* arXiv: 1203.1979v2, 2012.

Forman, G. (2003). Um estudo empírico aprofundado de métricas de seleção de caraterísticas para classificação de textos. *J. Mach. Learn.*
Forouzan, B. A. e Fegan, S. C. (2003). *Local area networks.* Boston: McGraw-Hill.

Fortier, P. J. e Desrochers, G. R. (1990). *Modelação e análise de redes locais.* Boca Raton: CRCPress. Furht, B. & Escalante,

A. (2011) *Handbook of data intensivecomputing*. Nova Iorque: Springer.

Galbreath, N. e Galbreath, N. (2002). *Cryptography for Internet and Database Applications*. Hoboken, Nova Jersey: John Wiley & Sons, Inc.

Gartner Group (2008). "Relatório do ciclo de hype do Gartner, 2008. Relatório técnico". *Grupo Gartner*. Recuperado em 10 de abril de 2013 de http://www.gartner.com/.

Geelan, J. (2008). Vinte e um especialistas definem a computação em nuvem". *Virtualização*. Recuperado em 10 de abril de 2013, de http://virtualization.sys-con.com/node/612375.
Gentry, C. (2009). "Encriptação totalmente homomórfica utilizando redes ideais". *Simpósio sobre a Teoria da Computação (STOC)*, pp. 169-178.

Gillam, L. (2010). *Cloud computing: principles, systems and applications*. Londres: Springer-Verlag.

Goldman, J. e Rawles, P. (2000). *Local area networks: A business-oriented approach*. Nova Iorque: Wiley.

Grance, T. e Mell, P. (2011). *Instituto Nacional de Normas e Tecnologia*. Gaithersburg, TN: Segurança informática.

Groth, D. e Skandler, *T.* (2009). *Network and study guide, quarta edição*. Nova Iorque: Sybex Inc.

Gruman, G. (2013). O que a computação em nuvem realmente significa. *InfoWorld* (06-02-2009).

Haghighat, S. & Abdel-Mottaleb, M (2015). Cloud ID: Identificação biométrica baseada na nuvem e entre empresas fiável, Sistemas especializados com aplicações, 42(21), 7905-7916.

Howe, K. (1988). Against the Quantitative-Qualitative Incompatibility Thesis or Dogmas Die Hard. *Educational Researcher, 17(8),* 10-16.

Iachello, G. e Hong, J. (2007). End-user privacy in human-computer interaction (Privacidade do utilizador final na interação homem-computador). *Foundations and Trends in Human-Computer Interactions,* 1(1):1-137.

ITA. (1998). *Implementação da tecnologia: um guia do programador para avaliar o progresso.* -. Obtido em https://www.howard.edu/. ../Implementation%20of%20 Technology--Assess%20Rubric.pdf

Jaeger, T. e Schiffman, J. (2010). Perspectives: Cloudy with a chance of security challenges and improvements. *IEEE security & privacy, 1*(2), 77-80.

Jamil, E. (n.d). "O que é SOA? A comparação comCloud Computing, Web 2.0, SaaS, WOA, serviços Web, PaaS e outros". *Soalib Incorporated.* Recuperado em 10 de abril de 2013, de http://soalib.com/doc/whitepaper/SoalibWhitePaper_SOAJargon.pdf

Johnson, B. & Onwuegbuzie, A. (2004). Mixed Methods Research: A Research Paradigm whose time has come. *Educational Researcher, 33*(7), 14-26.

Kaeo, M. (2004). *Projetar a segurança da rede.* Indianápolis, IN: Cisco Press.

Kaufman, L. M. (2009). A segurança dos dados no mundo da computação em nuvem, segurança e privacidade. *J Inter. Security, 7*(4), 56-62.

Khare, R. (2006). *Network security and ethical hacking.* Beckington: Luniver Press.

King, R. (2008). *Cloud computing: Small companies take flight.* Recuperado de http://www.businessweek.com/technology/content/aug2008dc2008083_619516.htm

Kundra, V. (2012). Estratégia federal de computação em nuvem. *Federal IT* , 1-33.

Kyriazis, J. (2010). Uma infraestrutura orientada para serviços em tempo real. Conferência Internacional sobre Sistemas de Tempo Real e Embarcados. Singapura.
Lim, H. C., Babu, S., Chase, J. & Parekh, S. (2009). *Controlo automatizado na computação em nuvem: Desafios e oportunidades.* Nova Iorque: ACM Press.

Lim, H. C., Babu, S. e Chase, J. S. (2010). *Controlo automatizado para armazenamento elástico*. Nova York: ACM Press.

Lorido-Botran, T., Miguel-Alonso, J. e Lozano, J. (2012). "Técnicas de escalonamento automático para.

Aplicações em ambientes de nuvem: Relatório técnico EHU-KAT-IK-09-12". *EHU.*
Acedido em 10 de abril de 2013 em: http://www.sc.ehu.es/ccwbayes/isg/administrator/components/com_jresearch/files/publications/autoscaling.pdf

MacVittie, L. (2009). "O balanceamento de carga é a chave para o sucesso das arquitecturas (dinâmicas) baseadas na nuvem". *DevCentralHome.* de http://devcentral.f5.com/weblogs/macvittie/archive/200 Recuperado em 14 de abril de 2013, 9/01/23/load-balancing-is-key-to-successful-cloud-based- dynamic-architectures.aspx. Acedido em 3 de março de 2010.
Marinescu, D. (2012). "Computação em nuvem: teoria e prática". *Universidade da Flórida Central.*
Acedido em 10 de abril de 2013
de: http://www.cs.ucf.edu/~dcm/LectureNotes.pdf

Marks, E. A. e Lozano, B. (2009). *Executive's guide to cloud computing.* Londres: John Wiley and Sons.

McCarthy, S. (2011). Práticas comprovadas: um estudo de TI comprovado. *IDC Government Insights.*
McFedries, P. (2008). "A nuvem é a
computador". *IEEE Spectrum Online.* Recuperado em 10 de abril de 2013, de http://www.spectrum.ieee.org/aug08/6490.

McNamara, J. E. e Romkey, J. (1996). *Local area networks: An introduction to the technology.* Boston: Digital Press.

Membros do EGEE-II (2008), An EGEE comparative study: Grids and clouds - evolution or revolution. Relatório técnico. *Redes para a ciência eletrónica*
Projeto. Acedido a 10 de abril de 2013 em: https://edms.cern.ch/document/925013/.
Milojicic, D. (2008). Computação em nuvem: uma entrevista com
Russ Daniels e Franco Travostino. *IEEE*
Internet Computing, 5, 7-9.

Nayak, S. e Yassir, A. (2012). Cloud Computing As an

Emerging Paradigm [Computação em nuvem como um paradigma emergente]. *International Journal of Computer Science and Network Security,* 12(1): 61-65.

Nichols, R. e Lekkas, P. (2002). *Wireless security: Models, threats, and solutions*. Londres: McGraw-Hill.

Pauly, M. (2013). "Computação em nuvem de ponta a ponta. Porque é que a preparação é fundamental". *T-Systems.* Recuperado em 14 de abril de 2013 de: http://www.t-systemsus.com/umn/uti/508254_2/blobBinary/Backgro uder_DS-ps.pdf

Rannenberg, K., (2010). *Security privacy - silver linings in the cloud: Proceedings.* Berlim: Springer.

Reda, J., Reifler, S. e Thatcher, L. G. (2005). *Compensation committee handbook* (2nd ed.). Hoboken, Nova Jersey: John Wiley & Sons, Inc.

Rhee, M. (2003). *Internet Security.* Hoboken, Nova Jersey: John Wiley & Sons, Inc.

Rittinghouse, J. e Ransome, J. (2010). *Cloud Computing Implementation, Management, and Security [Implementação, gestão e segurança da computação em nuvem].* Taylor and Francis Group, LLC.

Rogers, R. (2009). *O fim do virtual: métodos digitais.* Amesterdão: Vossiuspers UVA.

Salomon, David (2003). *Data privacy and security.* Springer.

Sannella, M. J. (1994). *Satisfação de restrições e depuração de interfaces de utilizador interactivas. Tese de doutoramento.* Universidade de Washington.

Savage, T. M., & Vogel, K. E. (2013). *An introduction todigital multimedia.* Burlington, MA: Jones & BartlettLearning.

Schmidt, E. & Rosenberg, J. (2014) How Google Livros. Grand Central Publishing.

Shroff, G. (2010). *Enterprise cloud computing: Technology, architecture, applications.* Cambridge University Press.

Sosinsky, B. (2011). *A bíblia da computação em nuvem.* John Wiley and Sons.

Stallings, W. (2000). *Local and metropolitan area networks.* Upper Saddle River, NJ: Prentice Hall.

Stockinger, H. (2007). Definição de grelha: um instantâneo da visão atual. *The Journal of Supercomputing, 1,* 3 -17.

Tavel, P. (2007). *Modelação e conceção de simulações.* AK Peters Ltd.

UNESCO (2010). Computação em nuvem Educação". *Instituto da UNESCO para as Tecnologias da Informação na Educação.* Acedido em 10 de abril de 2013 de : http://iite.unesco.org/pics/publications/en/files/3214674. Pdf

Urgaonkar, B., Shenoy, P., Chandra, A., Goyal, P. & Wood, T.(2008). Agile dynamic provisioning of multi-tier Internet applications (Aprovisionamento dinâmico ágil de aplicações Internet de vários níveis). *ACM Transactions on Autonomous and Adaptive Systems, 5*(1), 1-39.

Vaquero, L., Rodero-Merino, L., Caceres, J. & Linder,

M. (2009) Une brèche dans les nuages : Vers une Definição da nuvem ACM. *SIGCOMM Computer Communication Review,* 39(1), 50-55.

Wang, L., Ranjan, R., Chen, J. & Benarallah, B. (2011).Cloud Computing: Methodology, systems, andapplication. Los Angeles, CA: CRC Press.

Weiss, A. (2007). Computação nas nuvens. *Networker, 4,* 16-25.

Yao, A. C. (1986). "How to Generate Exchange Secrets" (Como gerar segredos de troca). *Actas do 27° Simpósio Anual do IEEE sobre Fundamentos da Ciência da Computação,* 1986, pp.162-167.

Printed by Books on Demand GmbH, Norderstedt / Germany